JN043008

小学館文庫

京博深掘りさんぽ

グレゴリ青山

小学館

はじめに

みなさんは京都国立博物館（略して京博《きょうはく》）に行かれたことがありますか？

京都には、観光すべきスポットがそれはもう、山のようにありますが、京博というところは、京都に来る人が求めてやまない「歴史」「文化」がぎゅっと凝縮されたところです。

広い敷地にレンガ造りの明治の建物、直線的でどことなく和のイメージがある平成の建物が建ち、日本美術を中心に展示する博物館なのに、なぜかロダンの「考える人」像の彫刻があるお庭……

このたびグはこの美しく、どこか神秘的な博物館に通って、それこそ、隅から隅まで見学させていただきました。

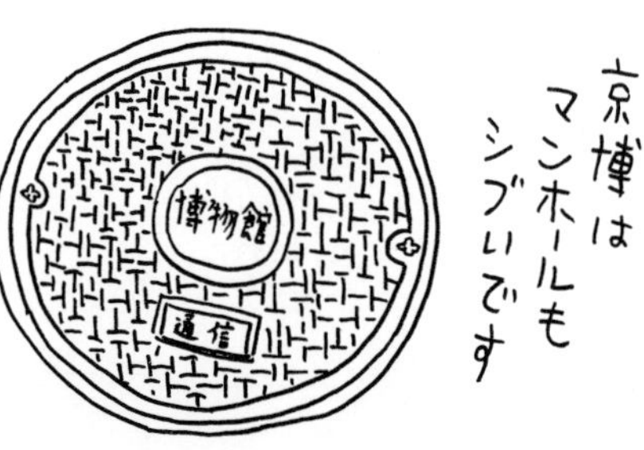

そこには何があったか？
そこには博物館という〝世界〟がありました。
その世界には文化財を収集、保存、研究、修理、展示をするために、日夜働く人々が生息していて、グは京博に行くたび毎回、見知らぬ世界に足を踏み入れる探検家のような気分になったものでした。
〝世界〟は本当に深かったのです。

この本を読んで京博に行けば、あなたの京博体験は、さらに深いものとなるはずです。
また、この本を持って、京博のお庭などで読むのも、味わい深い京博体験となることでしょう。

さあ、京博に行ったことがある人もない人も、これから一緒に、京博という知られざる世界を〝深掘り〟しに行きましょう！

注　この漫画は、
世界中がコロナ禍にあった時に
描かれたもので、時々マスクをした人が
登場したり、コロナの話題が出てきます。

登場する方々の役職や肩書は、取材当時のものです。

京都国立博物館へのアクセス

京博

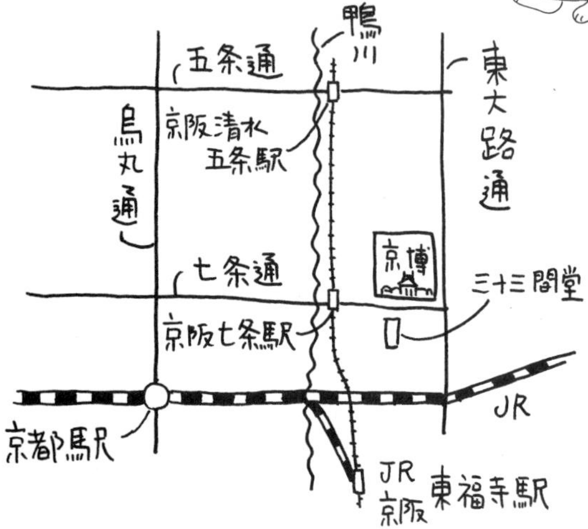
鴨川
五条通
東大路通
烏丸通
京阪清水五条駅
京博
七条通
三十三間堂
京阪七条駅
JR
京都駅
JR
京阪
東福寺駅

【京都国立博物館ウェブサイト】 https://www.kyohaku.go.jp/

京都駅から

- **徒歩** 七条通を東へ20分
- **バス** D2のりばから市バス206・208系統
  博物館三十三間堂前下車徒歩すぐ

  八条口のりばからプリンセスラインバス
  （京都女子大学前行き）にて東山七条下車徒歩1分

京阪電車七条駅から

- **徒歩** 東へ7分

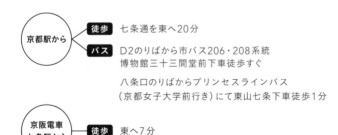

京都国立博物館構内マップ

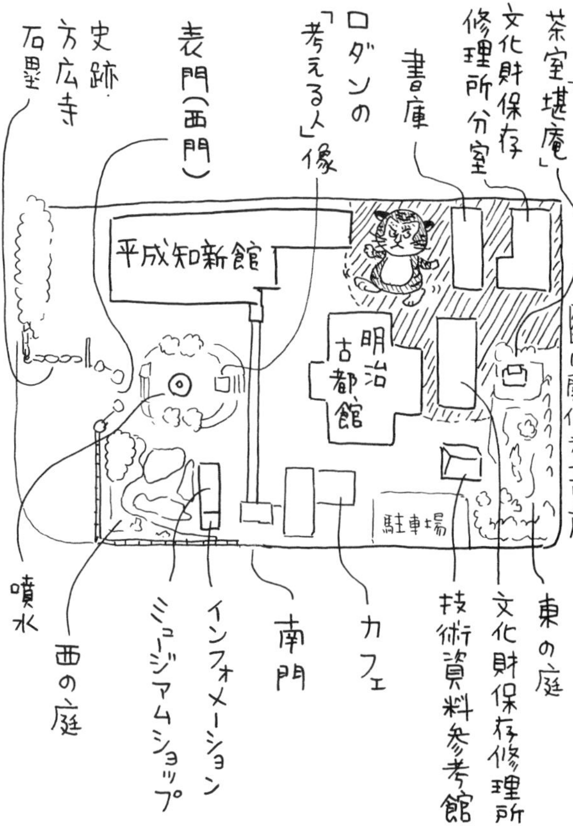

茶室「堪庵」
文化財保存修理所分室
書庫
ロダンの「考える人」像
表門(西門)
史跡方広寺石塁
平成知新館
明治古都館
駐車場
▨は関係者エリア
東の庭
文化財保存修理所
技術資料参考館
カフェ
南門
インフォメーション
ミュージアムショップ
西の庭
噴水

もくじ

第2章　深掘り！　京博で働く人々

第3章　深掘り！ 文化財を守る人々

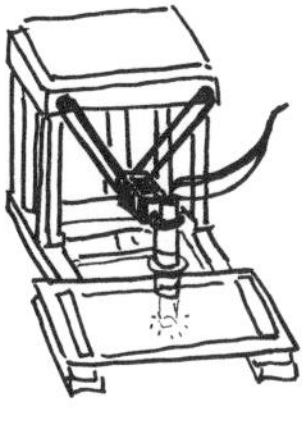

ようこそ
京博へ！
昔のチケット
売り場

第1章

深掘り！京博ってどんなところ？敷地と建物

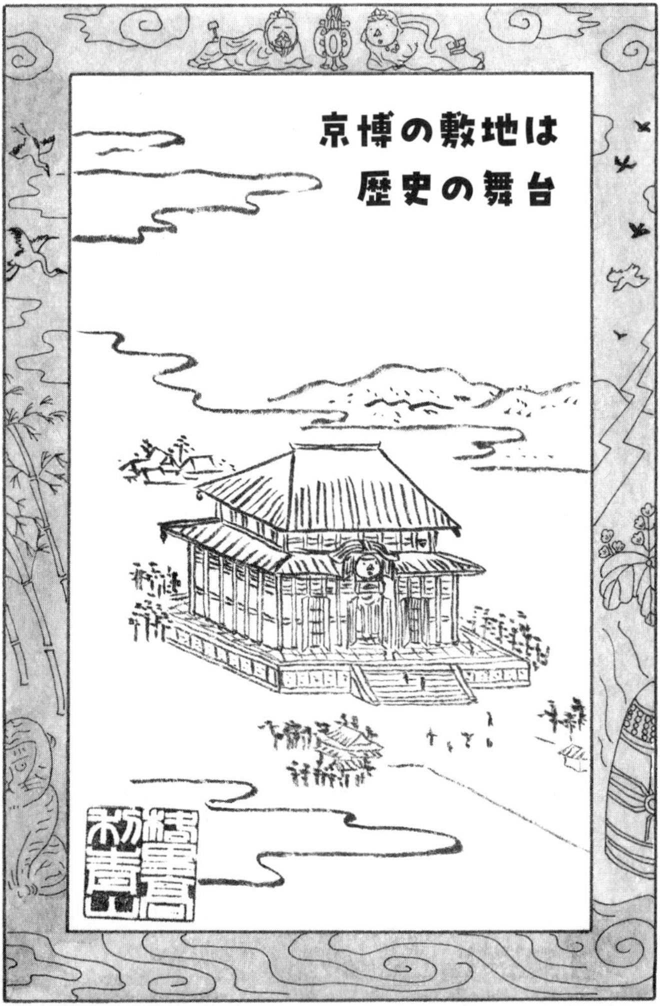
京博の敷地は
歴史の舞台

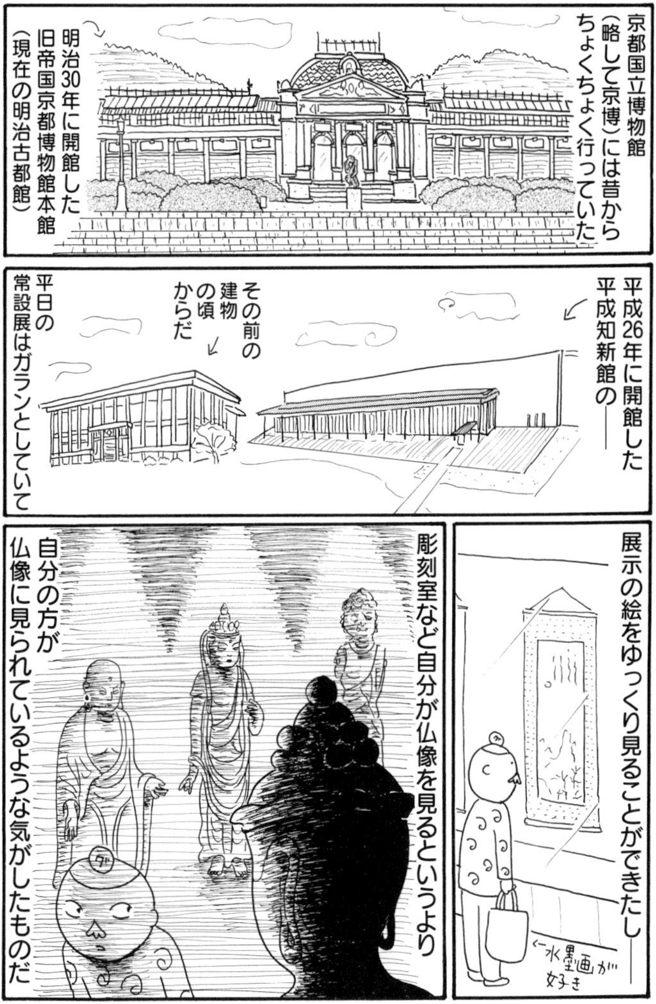
京都国立博物館（略して京博）には昔からちょくちょく行っていた
明治30年に開館した旧帝国京都博物館本館（現在の明治古都館）
平成26年に開館した平成知新館の――
その前の建物の頃からだ
平日の常設展はガランとしていて
展示の絵をゆっくり見ることができたし――
←水墨画が好き
彫刻室など自分が仏像を見るというより
自分の方が仏像に見られているような気がしたものだ

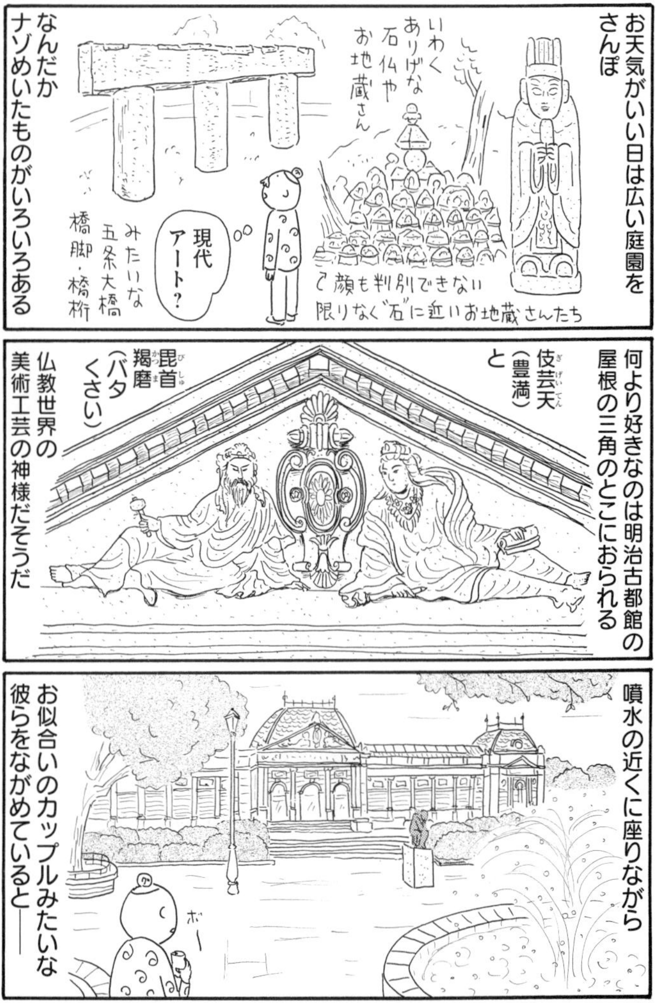
お天気がいい日は広い庭園をさんぽ
いわくありげな石仏やお地蔵さん
ご顔も判別できない限りなく"石"に近いお地蔵さんたち
現代アート?
みたいな五条大橋橋脚・橋桁
なんだかナゾめいたものがいろいろある
何より好きなのは明治古都館の屋根の三角のとこにおられる
伎芸天《ぎげいてん》（豊満）と
毘首《びしゅ》羯磨《かつま》（バタくさい）
仏教世界の美術工芸の神様だそうだ
噴水の近くに座りながら
お似合いのカップルみたいな彼らをながめていると――
ボー

いい〝気〟に満ちてるなあ
ふふふ
ははは
山水画の点景人物になったみたい…
——な気分になったものだった

――なので〝京博を紹介する漫画を描いて〟と依頼があった時は
もしかして
さあ
おいで
いいの？
こんな私で…
彼らが招いて下さった!?
と勝手に思ってしまった
（思いこみ激しいタイプです）
実際招いて下さったのは京博副館長の栗原祐司さん
いやもうコロナで来館者減ってしまって…
たくさんの人に京博の魅力を知ってほしいんですよ〜〜〜
ちょこん♡
きゃーーッ トラりん♡
かわいいー
ちなみにトラりんは京博公式キャラクター
まあトラりんはいずれ紹介するとして
今回は京博の敷地と建物について紹介します
えー
京博の敷地は方広寺というお寺の敷地だったのですよ
環境整備係長の大西征爾です

京博って町中にあるのにやけに広い敷地やなって思ってました
それでも方広寺の敷地の一部なんですよ
斜線ワク内が方広寺敷地
線内 京都国立博物館
そしてその敷地内には奈良の大仏より大きい大仏殿があったんです
な 奈良の大仏より⁉
はい高さ約18mの大仏だったそうです
大仏殿はこの辺に
88m
54m
いったい誰が⁉
豊臣秀吉です
えッ知らんかった!
じゃあまず方広寺大仏殿の歴史をお教えしますね
関白となった秀吉は天正14年(1586年)
京都に奈良の大仏よりデカイの造るぞ
と計画
オレの権力見せてやる
文禄4年(1595年)大仏殿ほぼ完成
都名所図会 の大仏殿
大仏は木像
大仏殿の高さは 約50m
そしてその翌年――

大地震で大仏壊れる
ぐしゃ
大仏殿は無事だった
オマエは自分で自分の身も守れんのか!?
とハラを立てた秀吉は大仏のあった台座に
無茶だ…
はるばる信濃善光寺のご本尊を運ばせ祀らせた
ちょこん!!
巨大な台座に小さなご本尊
すると——
秀吉の体調悪化
う〜ん
ご本尊は返送されるが秀吉亡くなる
いや これご本尊さん怒ってはるんやろ
絶対そやで
翌年慶長4年(1599年)新たに大仏を
今度は地震に強い金銅仏に!!
豊臣家の家臣
ということになりその3年後——
鋳造中の大仏から出火して
ゴボッ
大仏殿炎上…
慶長13年(1608年)
秀頼殿あきらめてはなりませぬ
豊臣家の財源涸《か》らせたれ
家康
秀吉の息子
うむ
大仏殿再建工事着工

慶長19年（1614年）大仏殿
完成するがともに造られた
梵鐘に書かれた文字に
ワシを呪う
文字がある
家康が
イチャモンをつける（方広寺
鐘銘事件）これを引き金に——
慶長20年（1615年）大坂
夏の陣で
メラメラ
大坂城
豊臣家滅亡…
その後大仏は残ったが
寛文2年（1662年）——
グラッ
またも地震…
破損した
大仏は
鋳《い》潰《つぶ》され銅銭に
なったという…
その後木像仏に作り替えられたが
寛政10年（1798年）今度は
ピカッ
落雷で大仏殿全焼…
天保年間（1830～43年）
大仏の半身像と仮堂が再建される
そして昭和48年（1973年）——
またも火災で焼失…
以来大仏は再建されてない
——というのが
方広寺大仏殿の
歴史です——

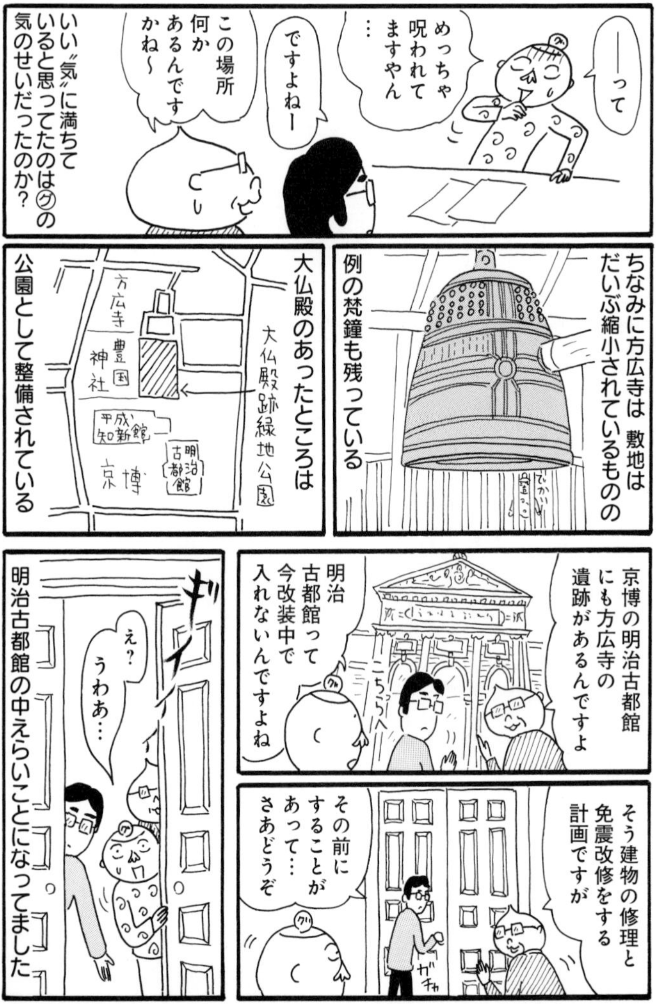
――って
めっちゃ呪われてますやん…
ですよねー
この場所何かあるんですかね～
いい〝気〟に満ちていると思ってたのは(グ)の気のせいだったのか?
ちなみに方広寺は 敷地はだいぶ縮小されているものの
例の梵鐘も残っている
でかい!
大仏殿のあったところは
方広寺
豊国神社
大仏殿跡緑地公園
平成知新館
明治古都館
京博
公園として整備されている
京博の明治古都館にも方広寺の遺跡があるんですよ
明治古都館って今改装中で入れないんですよね
こちらへ
そう建物の修理と免震改修をする計画ですが
その前にすることがあって…さあどうぞ
ガチャ
え?うわあ…
明治古都館の中えらいことになってました

グレリんコラム
グ
今も残る"大仏"

大仏前交番
大仏前交番周辺案内図
大仏前交番

京博の南西にある交番には大仏があった頃のなごりがあります。
岡本綺堂の大正時代の作品「鳥辺山心中」（舞台は江戸時代）に〝京の女郎と大仏餅とは眺めたばかりでは旨味の知れぬものじゃ〟というセリフが出てきます。
この大仏餅、なんと今も豊国神社近くの甘春堂東店で売られています。甘春堂では当時と同じ製法にこだわっているそうです。

京の大佛餅所
餅
もちろんおいしい
1個141円
(税込み)

文字通り深掘り!
明治古都館

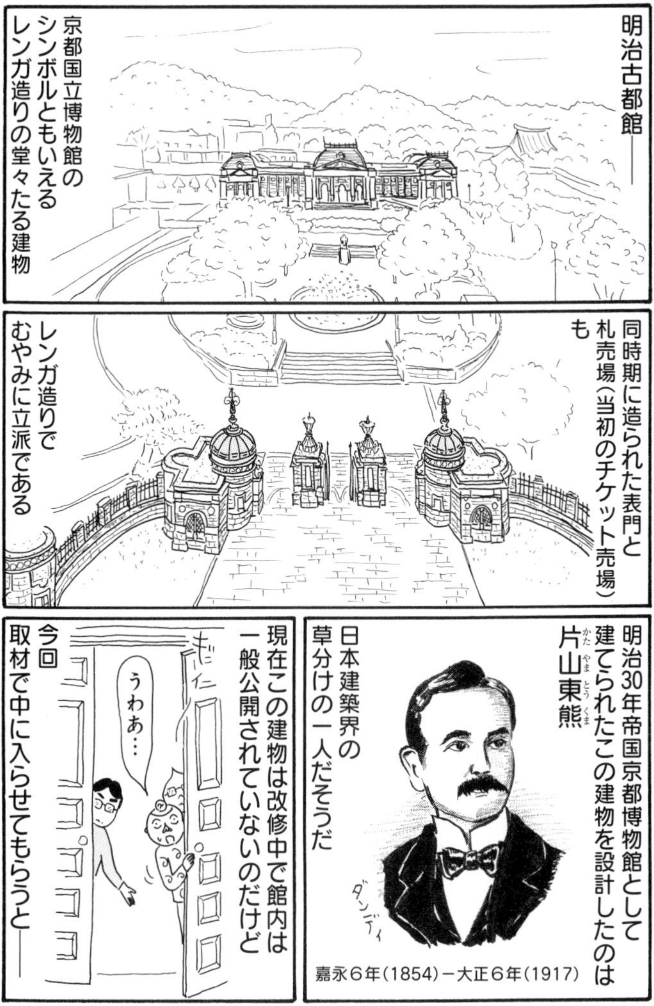
明治古都館――
京都国立博物館の
シンボルともいえる
レンガ造りの堂々たる建物
同時期に造られた表門と
札売場（当初のチケット売場）
も
レンガ造りで
むやみに立派である
明治30年帝国京都博物館として
建てられたこの建物を設計したのは
片山東熊《かたやまとうくま》
日本建築界の
草分けの一人だそうだ
ダンディ
嘉永6年（1854）ー大正6年（1917）
現在この建物は改修中で館内は
一般公開されていないのだけど
うわあ…
今回
取材で中に入らせてもらうと――

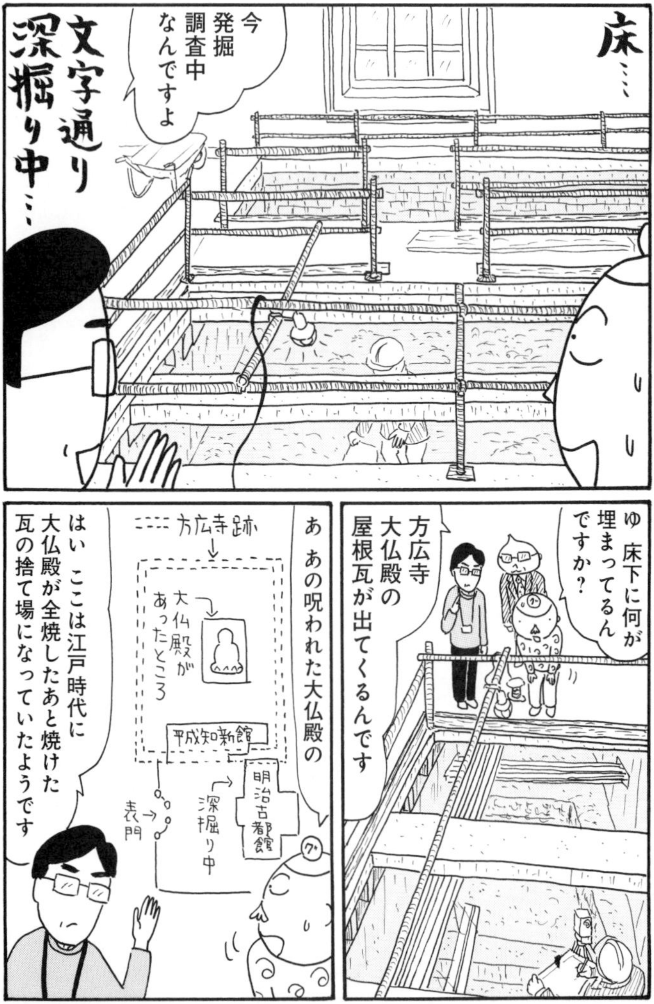
床……
今 発掘調査中なんですよ
文字通り深掘り中……
ゆ 床下に何が埋まってるんですか？
方広寺大仏殿の屋根瓦が出てくるんです
あ あの呪われた大仏殿の
方広寺跡
大仏殿があったところ
平成知新館
明治古都館
深掘り中
表門
はい ここは江戸時代に大仏殿が全焼したあと焼けた瓦の捨て場になっていたようです

こちら京都市埋蔵文化財研究所の調査研究技師小《こ》檜《ひ》山《やま》一《かず》良《よし》さんです
よろしく〜
まずはこちらを見て下さい
こんな感じで瓦が埋まってました
うわあどっさり
でもこれがなんで大仏殿の瓦ってわかるんですか？
はい あちらに掘り出したものがあるので見て下さい
ずらーーり
これです
ずいっ
あっ大きい！
そうなんです 大仏殿の大きさに合わせて瓦も大きく作られているんです
これは鬼瓦の一部と思われます
でかい！
豊臣家の家紋入りの瓦もあります
ここれもでかい
えっえええ
グ

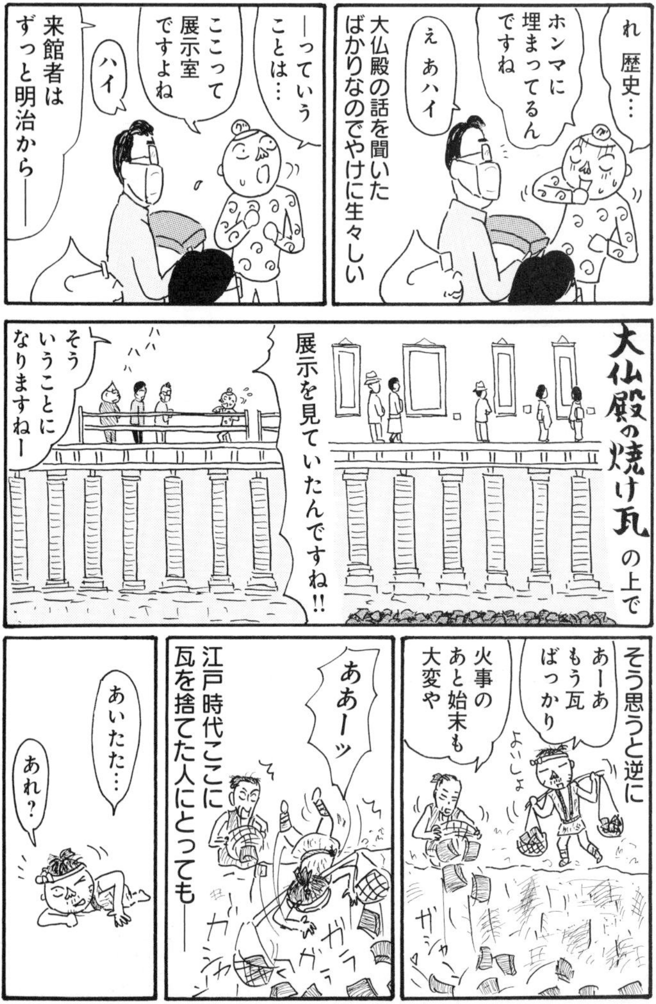
れ　歴史…
ホンマに埋まってるんですね
え　あハイ
大仏殿の話を聞いたばかりなのでやけに生々しい
―っていうことは…
ここって展示室ですよね
ハイ
来館者はずっと明治から――
大仏殿の焼け瓦の上で
展示を見ていたんですね!!
ハハハ
そういうことになりますねー
そう思うと逆に
あーあもう瓦ばっかり
火事のあと始末も大変や
よいしょ
ガシャー
ああーッ
江戸時代ここに瓦を捨てた人にとっても――
ガラガラ
あいたた…
あれ?

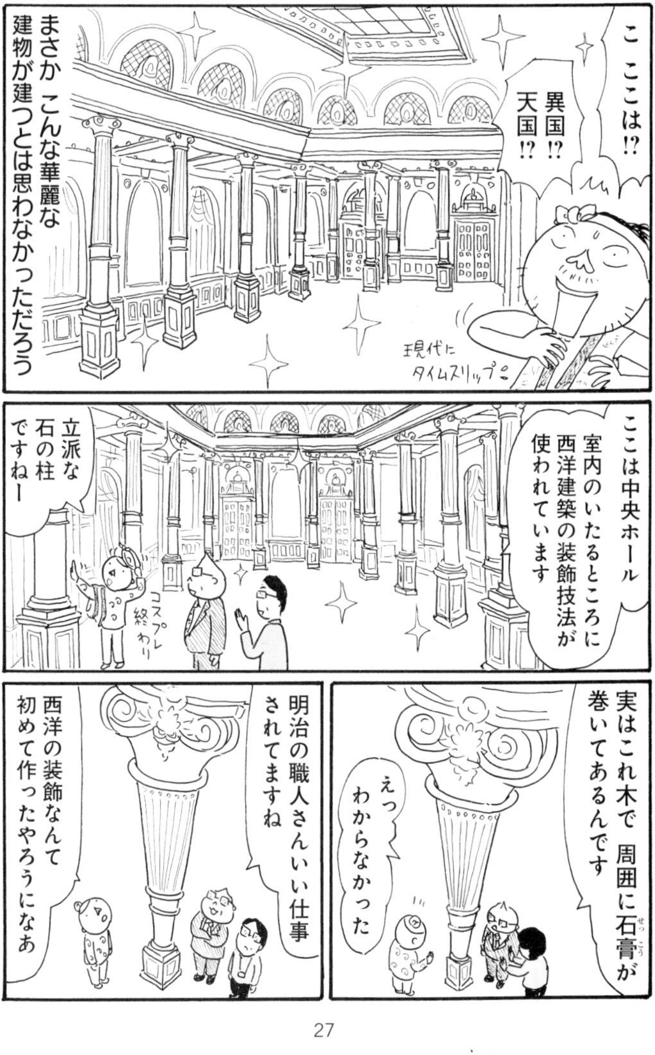
こ　ここは⁉
異国⁉
天国⁉
現代にタイムスリップ？
まさか　こんな華麗な
建物が建つとは思わなかっただろう
ここは中央ホール
室内のいたるところに
西洋建築の装飾技法が
使われています
立派な
石の柱
ですねー
コスプレ
終わり
実はこれ木で　周囲に石膏《せっこう》が
巻いてあるんです
えっ
わからなかった
明治の職人さんいい仕事
されてますね
西洋の装飾なんて
初めて作ったやろうになあ

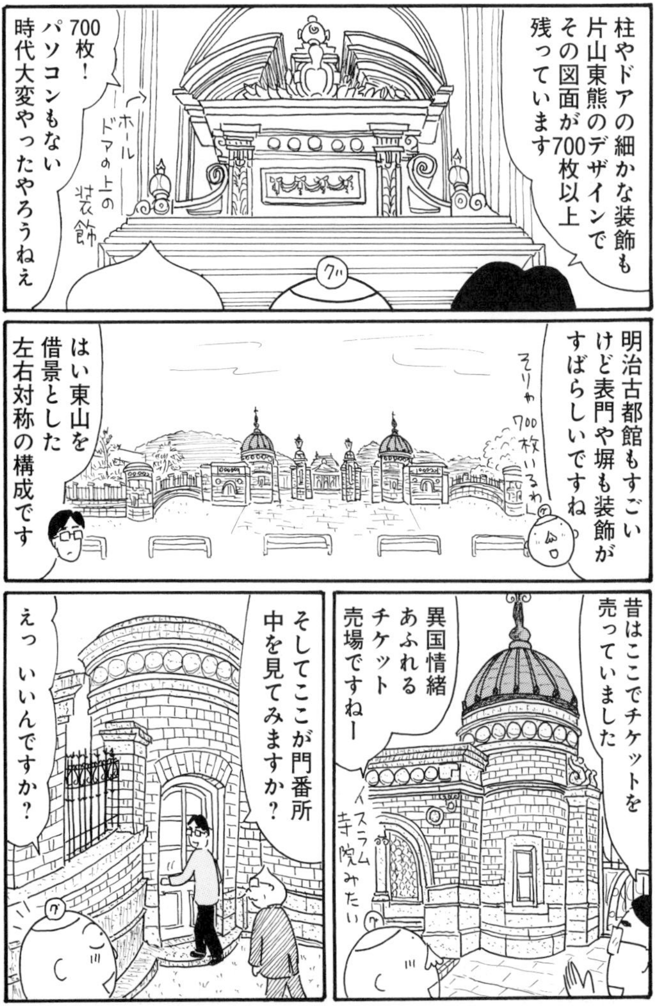
柱やドアの細かな装飾も片山東熊のデザインでその図面が700枚以上残っています
ホールドアの上の装飾
グ
700枚！パソコンもない時代大変やったやろうねえ
明治古都館もすごいけど表門や塀も装飾がすばらしいですね
そりゃ700枚いるわ
はい東山を借景とした左右対称の構成です
昔はここでチケットを売っていました
異国情緒あふれるチケット売場ですねー
イスラム寺院みたい
そしてここが門番所中を見てみますか？
えっ いいんですか？

ガチャ
特に何もありません
そうですね
私の仕事部屋にしていいいですか?
無理です
聞いてみただけです
でもいいなあこんな明治美あふれる小さな仕事場…
あれ?
レンガ塀の横にやけにワイルドな石垣があるけどあれは?
あれが秀吉のつくった方広寺の石塁です
大仏
平成知新館
ここ
表門
明治古都館
何度も火事や地震にあったけど石塁はそのままです
ええッ
巨大な石を使ってるところが派手好きな秀吉らしいですねー
平成時代(平成知新館)
明治時代
桃山時代
下にも横にも歴史が交錯する京都国立博物館なのであった

大仏殿の築《つい》地《じ》塀《べい》

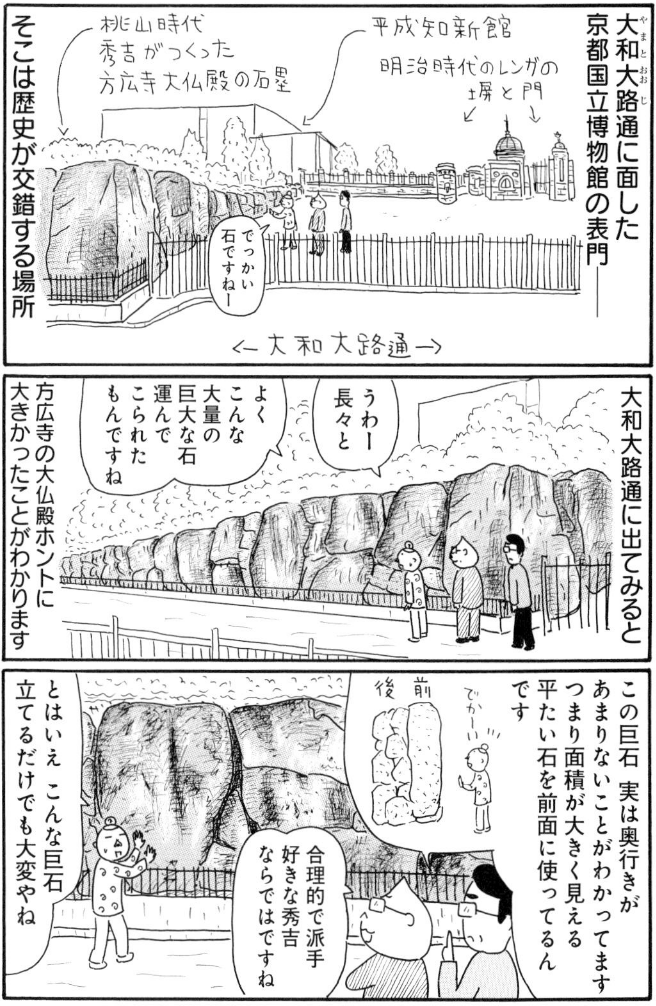
大和大路《やまとおおじ》通に面した京都国立博物館の表門――
平成知新館
明治時代のレンガの塀と門
桃山時代 秀吉がつくった方広寺大仏殿の石塁
でっかい石ですねー
そこは歴史が交錯する場所
←大和大路通→
大和大路通に出てみると
うわー長々と
よくこんな大量の巨大な石運んでこられたもんですね
方広寺の大仏殿ホントに大きかったことがわかります
この巨石 実は奥行きがあまりないことがわかってます
つまり面積が大きく見える平たい石を前面に使ってるんです
後
前
でかーい
合理的で派手好きな秀吉ならではですね
とはいえ こんな巨石立てるだけでも大変やね

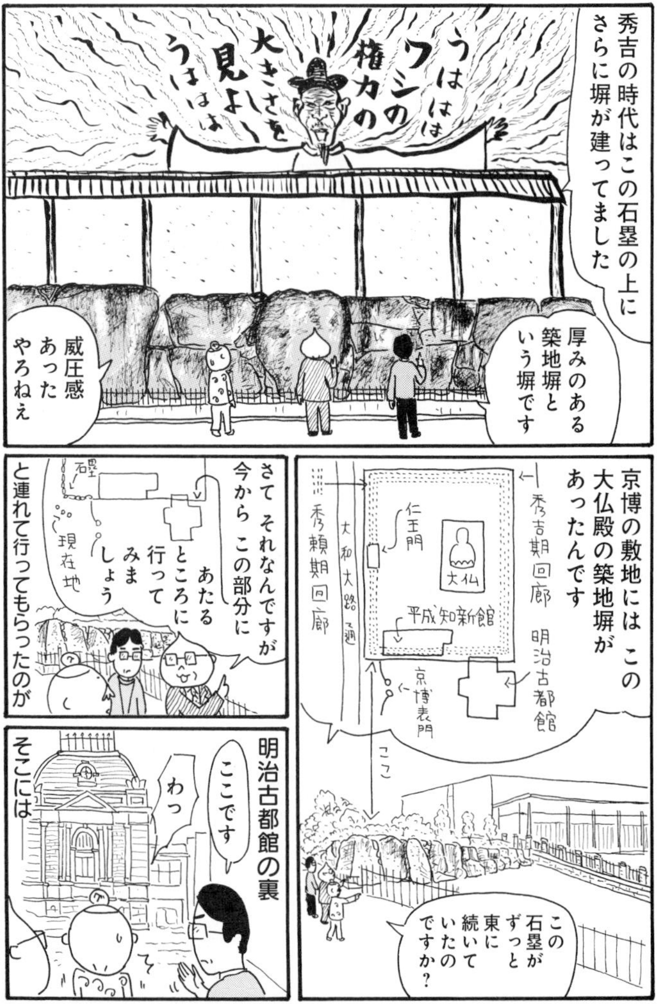

秀吉の時代はこの石塁の上に
さらに塀が建ってました
うははは
ワシの権力の大きさを見よ〜
うははは
厚みのある築地塀という塀です
威圧感あったやろねぇ
京博の敷地にはこの大仏殿の築地塀があったんです
秀吉期回廊
明治古都館
仁王門
大仏
平成知新館
京博表門
大和大路通
秀頼期回廊
ここ
この石塁がずっと東に続いていたのですか?
さて それなんですが
今から この部分にあたるところに行ってみましょう
石塁
現在地
と連れて行ってもらったのが
明治古都館の裏
ここです
わっ
そこには

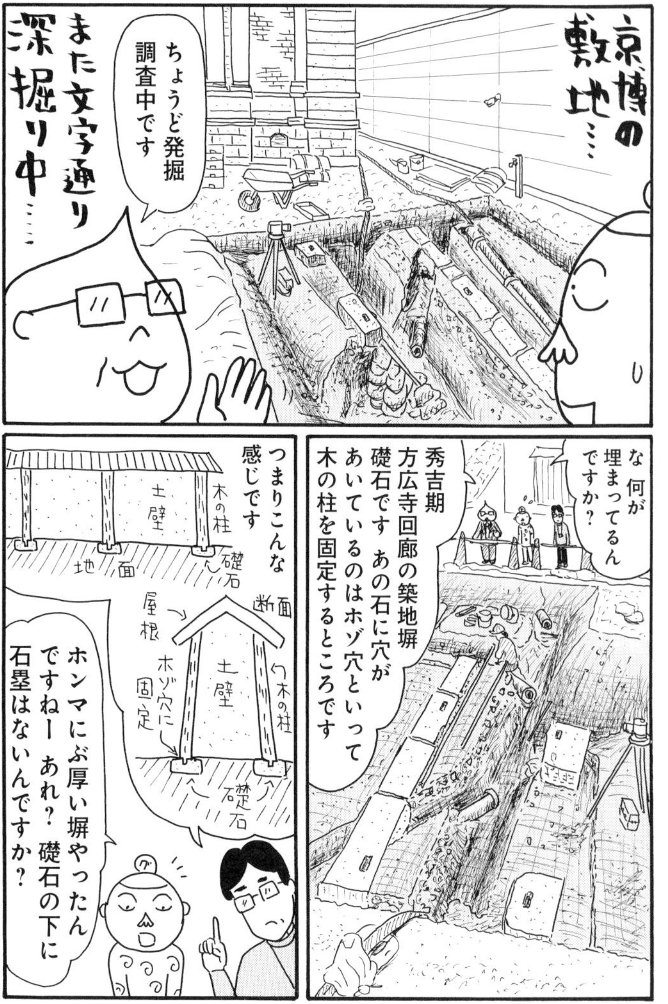
京博の敷地……
ちょうど発掘調査中です
また文字通り深掘り中……
な何が埋まってるんですか?
秀吉期方広寺回廊の築地塀礎石です あの石に穴があいているのはホゾ穴といって木の柱を固定するところです
つまりこんな感じです
木の柱
土壁
地面
礎石
断面
屋根
土壁
ホゾ穴に固定
木の柱
礎石
ホンマにぶ厚い塀やったんですねー あれ? 礎石の下に石塁はないんですか?

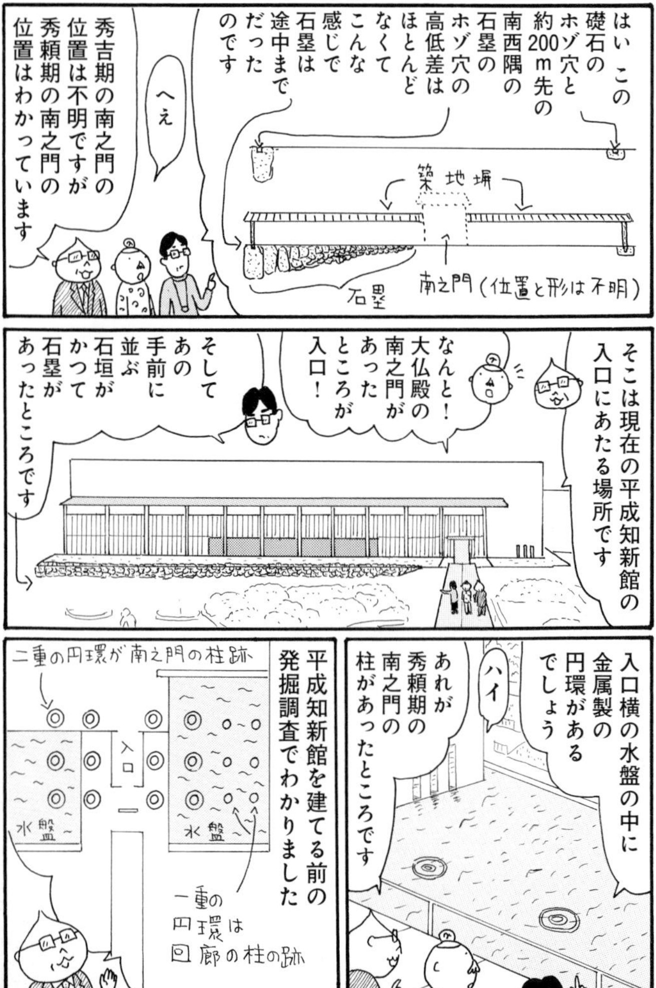
はい この礎石のホゾ穴と約200m先の南西隅の石塁のホゾ穴の高低差はほとんどなくてこんな感じで石塁は途中までだったのです
築地塀
南之門(位置と形は不明)
石塁
へえ
秀吉期の南之門の位置は不明ですが秀頼期の南之門の位置はわかっています
そこは現在の平成知新館の入口にあたる場所です
なんと!大仏殿の南之門があったところが入口!
そしてあの手前に並ぶ石垣がかつて石塁があったところです
入口横の水盤の中に金属製の円環があるでしょう
ハイ
あれが秀頼期の南之門の柱があったところです
平成知新館を建てる前の発掘調査でわかりました
二重の円環が南之門の柱跡
入口
水盤
水盤
一重の円環は回廊の柱の跡

おおー入口入ったすぐのところにもありますねー
門柱があったところ
平成知新館って桃山時代とつながってるんやー
あれ？
ハッ
大仏殿の南之門!?
ここは!?
誰じゃおぬしは
ハッ
あなたは豊臣秀頼！

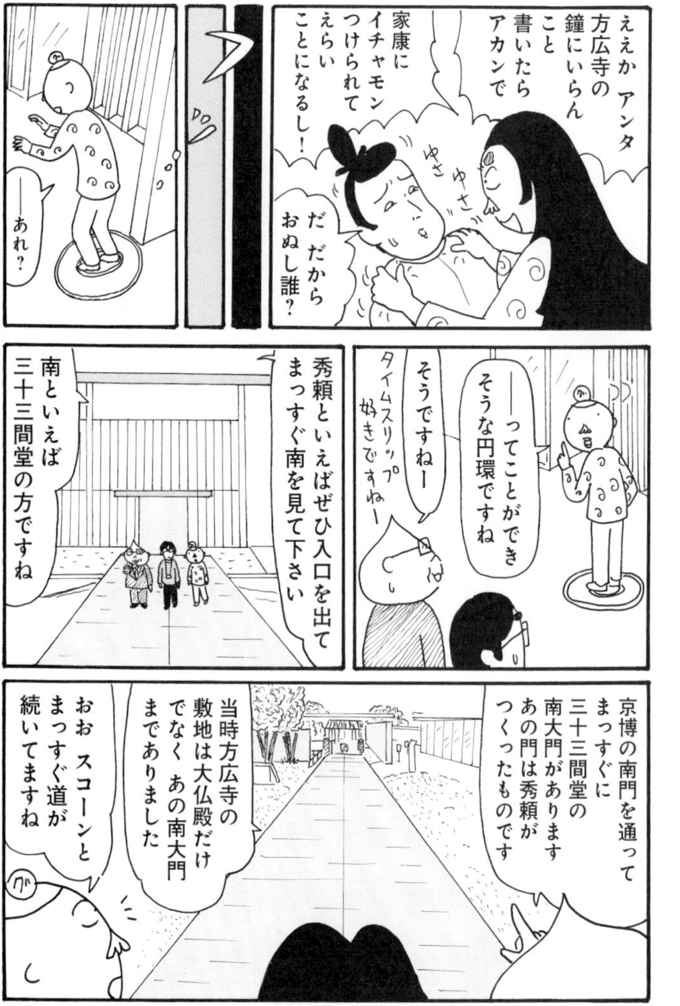
ええか アンタ
方広寺の
鐘にいらん
こと
書いたら
アカンで
家康に
イチャモン
つけられて
えらい
ことになるし！
ゆさ ゆさ
だ だから
おぬし誰？
——あれ？
——ってことができ
そうな円環ですね
そうですねー
タイムスリップ
好きですねー
秀頼といえばぜひ入口を出て
まっすぐ南を見て下さい
南といえば
三十三間堂の方ですね
京博の南門を通って
まっすぐに
三十三間堂の
南大門があります
あの門は秀頼が
つくったものです
当時方広寺の
敷地は大仏殿だけ
でなく あの南大門
までありました
おお スコーンと
まっすぐ道が
続いてますね

平成知新館を建てる前に
京博の南門を整備して
平成知新館
京博南門
今ここ
南之門だったところ
七条通
三十三間堂
南大門
塩小路通
かつての大仏殿南之門と
三十三間堂南大門の
南北軸を復活
させたんです
平成の建物が
歴史を復活させた
ワケですね
すご〜い
京博は 現在と過去を
リンクさせた場所なのだ!
京博——そこは歴史を体感
できる場所
京博南門↓
南大門
今日はありがとう
ございました
お気をつけて〜
せっかくなので
このまま南大門まで
歩いてみますね
そして京博を出てもまた——
三十三間堂の
横の道
きっと
秀吉も秀頼も
歩いたよね
どーん
おお〜
桃山時代に
到着 これが
秀頼のつくった
南大門…
なんて立派な
あれ?
南大門の
向こう——
SHOP COFFEE
めっちゃ
昭和な
喫茶店が
ある…
京都——そこは歴史を
行き来できる都なのであった

京博の東にある阿弥陀ヶ峯の山頂には秀吉の墓所豊国廟《びょう》があります。

約500段もの階段を登った頂上に埋葬されています。よくこんなところまで運んだなと思うくらい巨大な石造五輪塔が建てられています。ながめは最高。帰らなくてよかったです。

階段を登る手前を左へ行くと秀吉の側室松の丸殿と秀吉の孫・国松(秀頼の息子)の供養塔があります。

大坂夏の陣のあと8歳だった国松は徳川家に市中引きまわしの上、斬首されたそうです。

※人通りが少ないので女性の一人歩きはお気を付けて

本の宇宙
京博の書庫

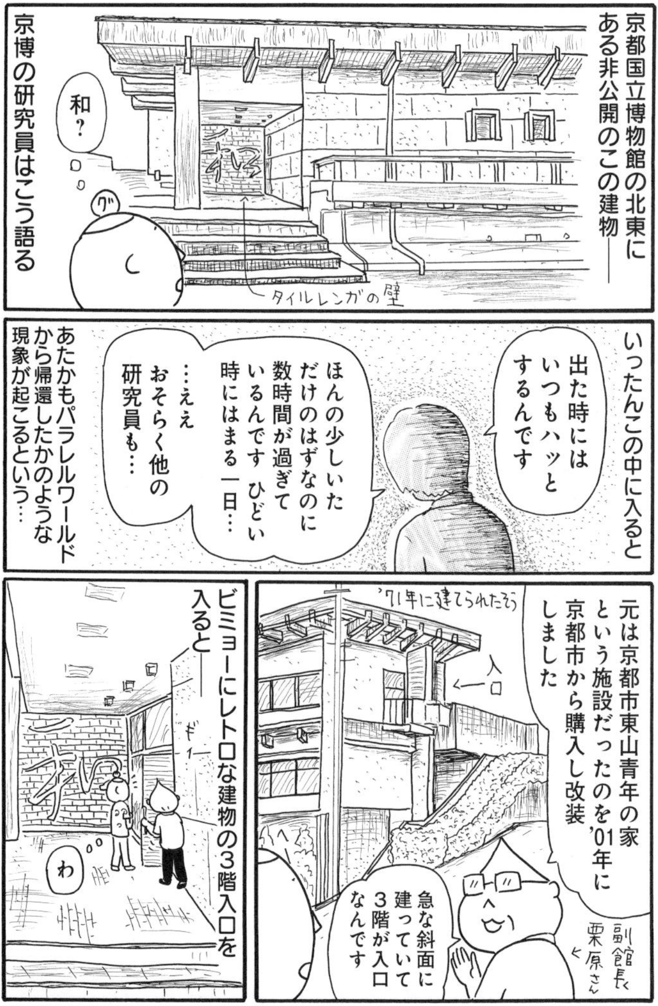
京都国立博物館の北東にある非公開のこの建物——
和？
グ
タイルレンガの壁
京博の研究員はこう語る
いったんこの中に入ると
出た時にはいつもハッとするんです
ほんの少しいただけのはずなのに数時間が過ぎているんです ひどい時にはまる一日…
…ええ おそらく他の研究員も…
あたかもパラレルワールドから帰還したかのような現象が起こるという…
元は京都市東山青年の家という施設だったのを'01年に京都市から購入し改装しました
'71年に建てられたそう
入口
副館長 栗原さん
急な斜面に建っていて3階が入口なんです
ビミョーにレトロな建物の3階入口を入ると——
ギィー
わ

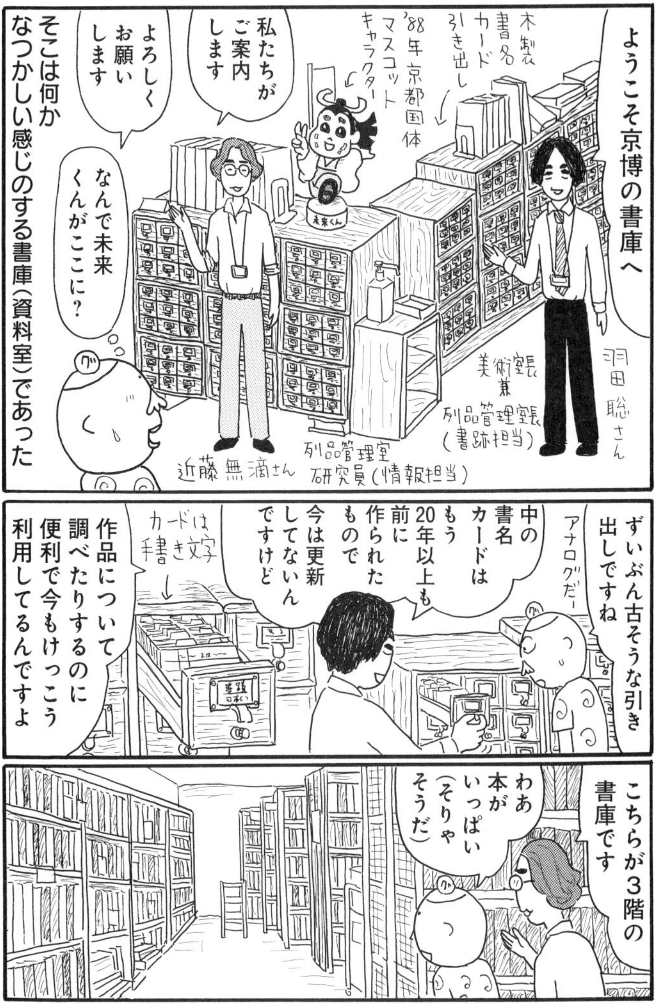
ようこそ京博の書庫へ
木製書名カード引き出し
'88年京都国体マスコットキャラクター
私たちがご案内します
よろしくお願いします
未来くん
なんで未来くんがここに?
そこは何かなつかしい感じのする書庫(資料室)であった
羽田聡さん
美術室長兼列品管理室長(書跡担当)
列品管理室研究員(情報担当)
近藤無滴さん
ずいぶん古そうな引き出しですね
アナログだー
中の書名カードはもう20年以上も前に作られたもので今は更新してないんですけど
カードは手書き文字
作品について調べたりするのに便利で今もけっこう利用してるんですよ
こちらが3階の書庫です
わあ本がいっぱい(そりゃそうだ)

このあたりが京博の古い展示目録ですね
京都国立博物館
へえ~見せてもらっていいですか?
大正十四年
自大正十四年四月二十二日
至大正十四年五月五日
松方幸次郎氏 蒐 木版浮世繪展覧會目録
恩賜京都博物館
恩賜京都博物館時代のものです
うわー京博ってホンマに古くから展覧会やってるんですねー
そ そうですね
こちらは京博の大型の展覧会図録です
箱入りの立派な本ですねえ
ひと昔前は普通の図録とは別にこういう豪華版の図録も作ってたんですよ今じゃ考えられませんねえ
図録に歴史ありですね…
しみじみ
この部屋は他に他館の図録や辞書 漢籍※等を置いてます
漢籍 木箱入りの本もあるんですね

※漢文で書かれた書物

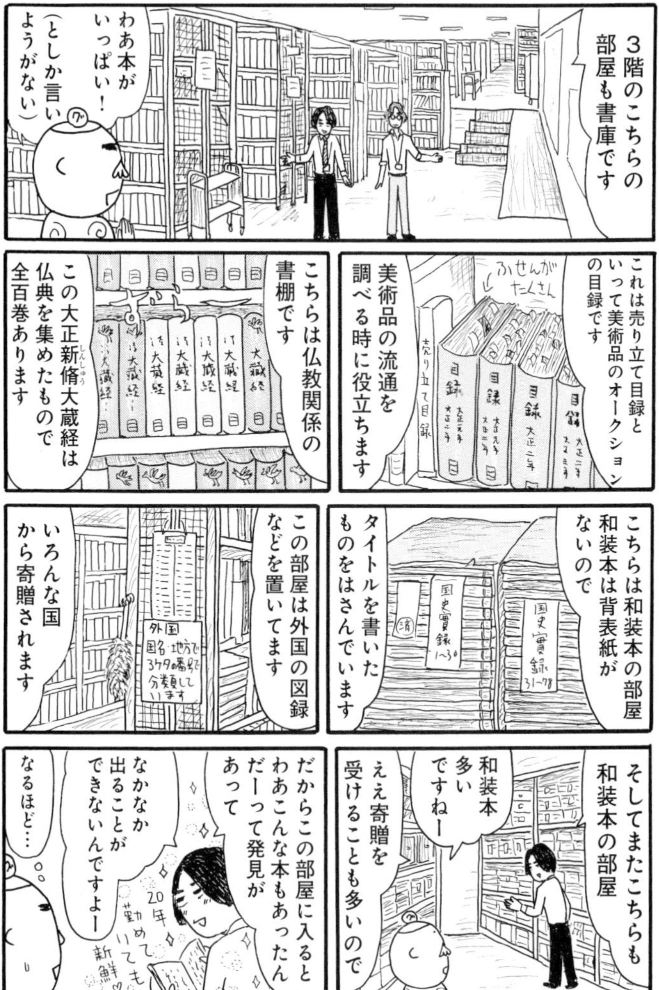
3階のこちらの部屋も書庫です
わあ本がいっぱい！
(としか言いようがない)
これは売り立て目録といって美術品のオークションの目録です
ふせんがたくさん
売り立て目録
美術品の流通を調べる時に役立ちます
こちらは仏教関係の書棚です
この大正新脩《しんしゅう》大蔵経は仏典を集めたもので全百巻あります
こちらは和装本の部屋和装本は背表紙がないので
国史實録 1~30
国史實録 31~78
タイトルを書いたものをはさんでいます
この部屋は外国の図録などを置いてます
外国
国名・地方で3ケタの番号で分類しています
いろんな国から寄贈されます
そしてまたこちらも和装本の部屋
和装本多いですねー
ええ寄贈を受けることも多いので
だからこの部屋に入るとわあこんな本もあったんだーって発見があって
なかなか出ることができないんですよー
20年勤めていても新鮮♡
なるほど…

そしてこちらが2階です
わあー本がいっぱい
(まだあるんか⁉)
こうしてざっと書棚を見まわすと
普通の図書館のようにも見えるけど…
棚にある本学術書とか研究書とか専門的すぎて気軽に手に取れる本が少ないところが普通の図書館との違いですねー
はい より深く知りたい人向きですね
そしてこちらが1階です
わあ本がいっぱ…
あれっ ない
いえスライド式書棚になってます
ぐる ぐる
こちらは全国の大学や研究機関から送られてくる雑誌や研究誌が主です
うわー どっさり
いろんなところから寄贈されたり定期的に送られたりが多いんですね

はいっ
増える
一方です！
基本的に
捨てる
ことはあり
ません
ふふふ
うふふ
せ 整理が
大変ですね
整理は
司書さんが
して下さってます
はい整理
してもしても
キリがありませんねぇ
うふふ
本を置くスペースを確保
するのが大きな
課題です
でしょうねぇ
いずれ書庫を一般公開される
ことは？
はい図書のデータベース
構築とアーカイブ化を
進め将来的に一般公開できる
ようにと考えています
え…データ…
アーカイブ化…
ここの本を…？……
グ
が
がんばって
くらさい
やっぱりもっと
人員
ほしいよねー
あと
予算も
うん
うん
まだ宇宙…
そんなワケで研究員の
研究の場でありときめき
の場でもある書物の
宇宙——京博の書庫
さんぽでした
ちなみになぜ
未来くんがここに
いるのかは
「不明」
だそうです
「未来くん」
バックヤードも
またとんでもなく
深い京博なのであった

グレりんコラム 考える人像

世界に21体あるといわれる
〝考える人〟像、
京博のものはそのうちの1体だそうです。

なぜ 私は ここにいるのだ…？

とても考えておられそうですね。
元は京博に寄託されていたこの像の
買い取りの機会が訪れたものの
予算が足りず…
そんな折人類の共有財産として残そうと
篤志家が買い取り
そのまま京博に譲渡されたそうです。

LE PENSEUR
DE
AUGUSTE RODIN
1840 - 1917

京博の昭和建築

明治古都館
平成知新館
京博には明治平成の建物があるけど
東の庭にひっそり隠れるように昭和の建物が存在する
いや別に隠してるワケじゃなくてまわりの木が育ちすぎてるんです
昭和5年('30)に建てられた登録有形文化財
木をどけるとこんな感じ探偵小説の舞台になりそうな建物は
湿気対策のため高台に建てられました
旧恩賜京都博物館時代の陳列品収納用倉庫だったそうだ

昭和41年（'66）に新館の収蔵庫ができるまで現役の収蔵庫でした
技術資料参考館
今はこういう名前になってます
どんなことに使われているんですか？
ガチャ
一時は文化財の修理所として使われていたこともあるのですが…
1階はこのように改装されて応接室となっています
あらードラマのロケとかに使われそう
実際ロケーション撮影の利用申請をしたら一般の方でも利用（有料）できますよ
えっそんなことできるんや
この部屋以外に敷地内で撮影可能な場所はいくつかあって実際テレビや映画CM雑誌 あとよく
婚礼前撮りの撮影に使われてますよ
くわしくはHPの"ロケーション撮影利用申請"をクリックしてね

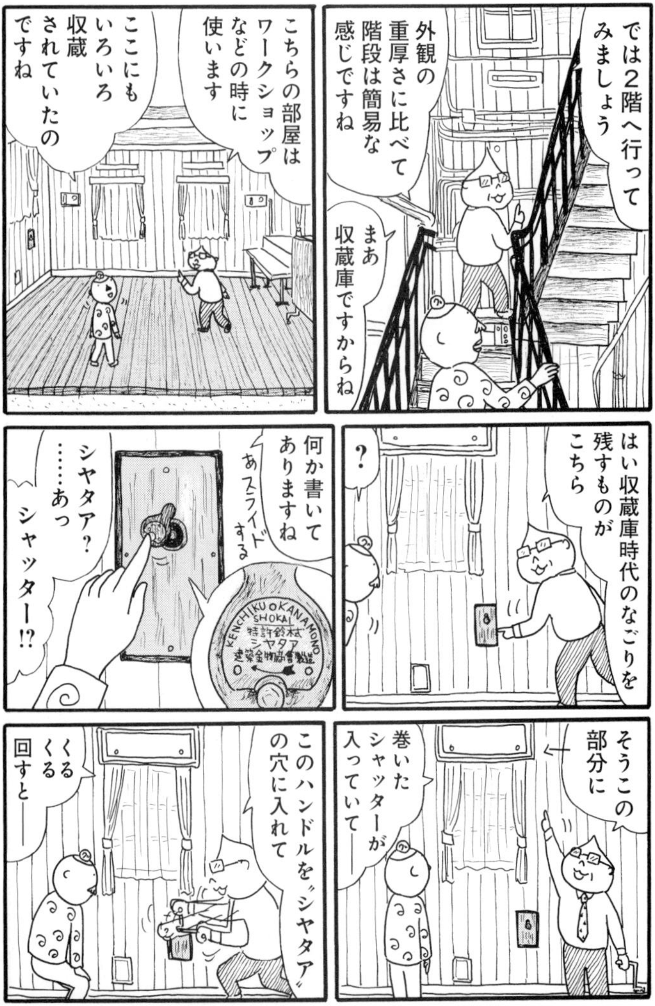

では2階へ行ってみましょう
外観の重厚さに比べて階段は簡易な感じですね
まあ収蔵庫ですからね
こちらの部屋はワークショップなどの時に使います
ここにもいろいろ収蔵されていたのですね
はい収蔵庫時代のなごりを残すものがこちら
？
何か書いてありますね
あスライドする
KENCHIKU KANAMONO SHOKAI
特許鈴木式
シヤタア
建築金物商會製造
シヤタア？……あっ
シャッター!?
そうこの部分に
巻いたシャッターが入っていて—
このハンドルを〝シヤタア〟の穴に入れて
くるくる回すと—

ガシャン
バサバサバサ
うぎゃーッ
——ということになりかねないのでやめておきましょう
なんせ長年稼動してないもんで
そうですねやめて下さい
収蔵庫時代は作品に陽が当たらないようシャッターが必要だったということです
京博にはもう1棟戦前の建物があるんですよ
え？ありましたっけ？
はい前回見てもらった書庫のとなりの建物
旧管理棟です
のっぺり
え？これホントに戦前の建物ですか？
書庫
ええ昭和5年（'30）竣工で元は東山区役所でした

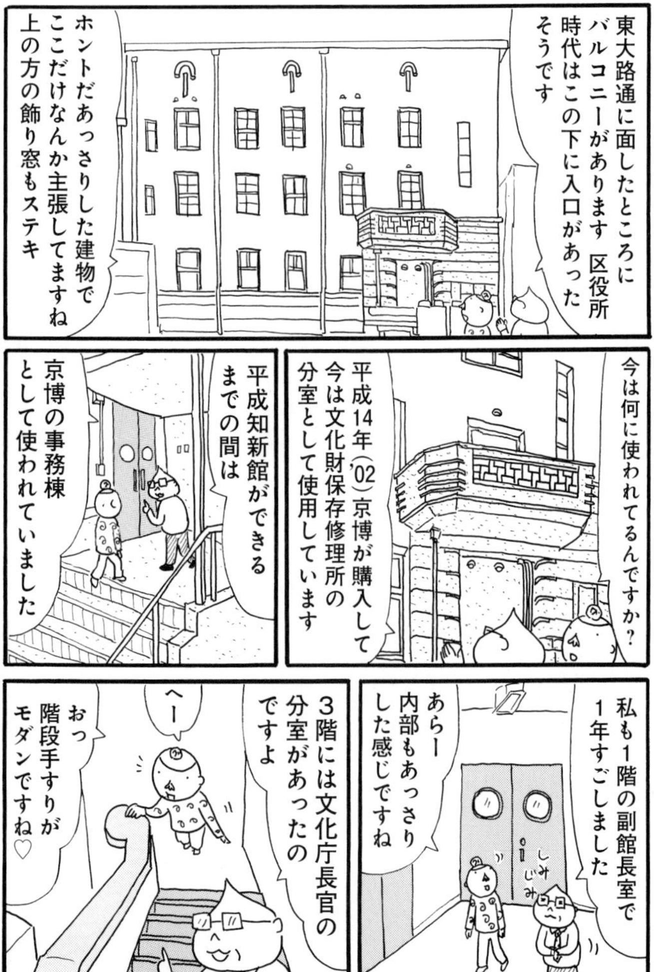
東大路通に面したところにバルコニーがあります 区役所時代はこの下に入口があったそうです
ホントだあっさりした建物でここだけなんか主張してますね上の方の飾り窓もステキ
今は何に使われてるんですか?
平成14年('02)京博が購入して今は文化財保存修理所の分室として使用しています
平成知新館ができるまでの間は
京博の事務棟として使われていました
私も1階の副館長室で1年すごしました
しみじみ
あらー内部もあっさりした感じですね
3階には文化庁長官の分室があったのですよ
へー
おっ階段手すりがモダンですね♡

この部屋は河合隼雄《はやお》氏が文化庁長官時代に使われていました
こざっぱりした部屋ですね
氏の長官就任の条件は「京都でも執務できること」だったそうです
特に近代建築って感じじゃないな
ここで関西の文化人や行政関係者とよく交流されたことが2023年に文化庁が京都に移転する引き金になったと思います
館内はあっさりしたつくりだったけど
副館長にとっては
3階には"ICOM京都大会"という博物館の国際会議の準備室があったんですよ
私がずっと関わってた仕事で…
濃い思い出と思い入れのある場のようであった
そんなワケで京博に残る昭和の近代建築
旧管理棟の建物は東大路通からながめられます
建築好きならずともお見逃しなきように〜!

グレリンコラム
京博のカフェ

なんかなつかしい味〜♡
ケチャップが服につかないようお皿を少々離して食べるのがコツです
で粉チーズたっぷり

京博の南門併設の全面ガラス張りで明るい店内のカフェは前田珈琲京博店。

公式キャラクタートラりん抹茶カプチーノや展示にちなんだ特別メニューを出すことも。

今観てきた展覧会の余韻にひたりつつ、ガラスの向こうの京博のお庭をながめるのは何ともぜいたくなひとときです。

ちなみにグはここのナポリタン、たまにムショーに食べたくなります。

【前田珈琲京博店HP】 https://www.maedacoffee.com/shopinfo/kyohaku/

特別編・京博怪談

夏がやってきました
直射日光
浴びつつ何
考えてるんやろ？
お庭の
ロダン作「考える人」
夏といえば怪談 今回は
京博にまつわる不思議な
話で涼をお届けしましょう
その一 謎の石仏
京博の東の庭には謎めいた
石仏群がある
特に
説明書きは
ないな…
グ
どれもかなり古そうだ
頭部
しかないもの
顔の凸凹が
ないもの
石仏という
よりほぼ
"石"に近いもの
そしてよく見ると
わ
グ
どき…

※京博は方広寺の敷地に建てられました

それをあの東の庭に置いているんです
そうだったんですか……
実は令和になって戻ってきた石仏もあるんですよ
え？
ある時　京博にこんな電話が——
あの…ウチの庭に石仏があるんですけど……実はそれ京博さんの石仏なんです
は？…といいますと？
その方のご先祖が昔　京博で働いておられたそうで
うわぁこんなとこから石仏が
おう欲しかったら持って帰れ
オイオイ
と伝わる石仏が自宅の庭にあるという
ぜひ戻したいということでお引き受けしました
昔はおおらかというか何というか……
それにしても石塁に石仏詰めるなんてヒドいことするなぁ秀吉
そやし大仏何回も燃えたとか
実は戦国時代にはお城の石垣などで石仏や石塔　墓石などをよく転用石として使っているんです
えー
ともあれ〝裏込〟から解放された石仏たちは京博の片すみで安らかにすごされておられるのであった
令和に戻ってきた石仏
よだれかけは年に1回程新調されるそう

その二 琵琶の音伝説
京博に収蔵されているいにしえの文化財…
歴史があるだけにいろんな〝念〟もこもっていそうな気がする
何かありませんか？京博の怪談!!
わくわく
怪談大好き
うーんそうですねちょっと古い話なんですけど――
京博に赴任してきたとある研究員さんが敷地内にあった官舎で深夜まで論文を書いていると
ベンベン
カリ
琵琶の音？
………
こんな夜遅く練習してるんだ
しかし琵琶とはシブいなさすが京都
他府県出身
――ということが何度もあり
夜中によく琵琶の音聞こえるよねー
と同僚に言うと……

え？ 何それ聞いたことないで
私も
気味悪いこと言うなよー
琵琶の音が聞こえていたのは彼一人…
そしてなんと彼はその後——
ゴクリ…
たいへん出世されたのです！
こ 幸運の琵琶の音やったんですね
それよりなんかもっとゾッとする話はないですか？
収蔵したとたん次々に怪奇現象が起こるいわくつきのお宝とか
どろろろ
うーん 確かにいわくのありそうなものもありますが…
それを収蔵して怪奇現象があったとかはありませんね
何しろ京博の収蔵庫は
掛け軸の中の人
ムクッ
おや？ ここは
気温も湿度も快適 カビも虫も心配なさそうだ
セキュリティーも万全安心してくつろげるわい
ふ〜
いわば文化財の高級ホテル 平成知新館になってさらに快適度アップ！ きっと環境に満足されているのでしょう
そ そういうものなんですか？

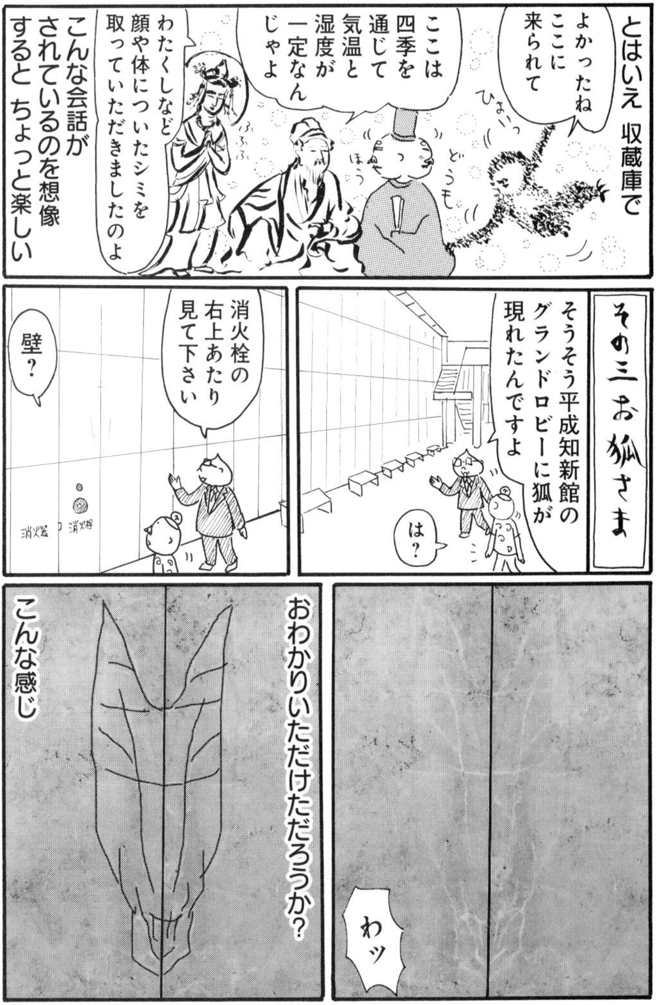
とはいえ 収蔵庫で
よかったね ここに 来られて
ひょいっ
どうも
ほう
ここは 四季を 通じて 気温と 湿度が 一定なん じゃよ
ふふふ
わたくしなど 顔や体についたシミを 取っていただきましたのよ
こんな会話が されているのを想像 すると ちょっと楽しい
その三 お狐さま
そうそう平成知新館の グランドロビーに狐が 現れたんですよ
は?
消火栓の 右上あたり 見て下さい
壁?
消火器
消火栓
わッ
おわかりいただけただろうか?
こんな感じ

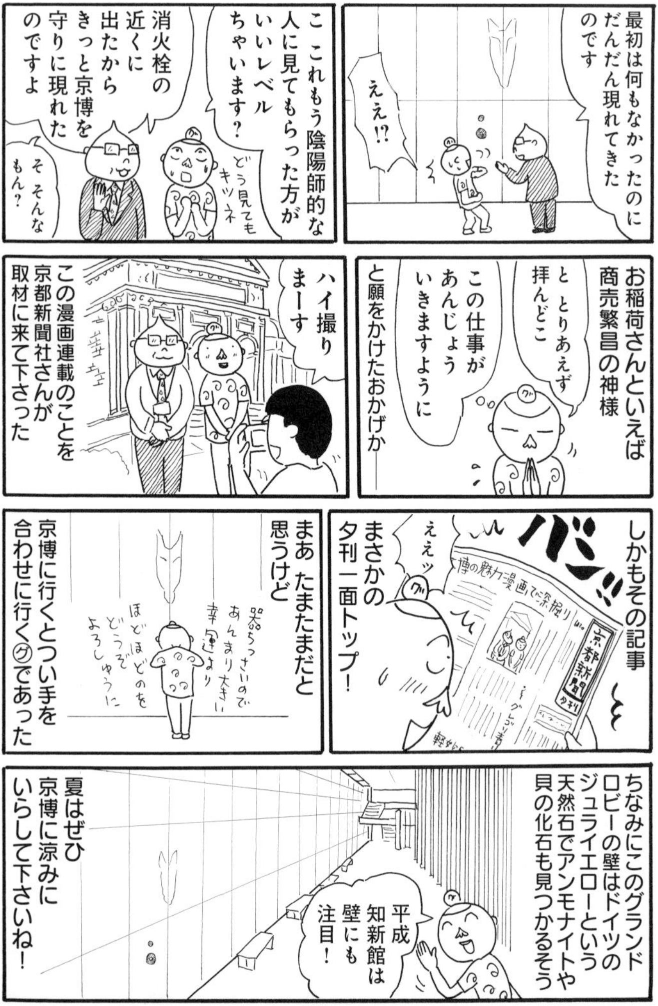

最初は何もなかったのにだんだん現れてきたのです
ええ!?
ここれもう陰陽師的な人に見てもらった方がいいレベルちゃいます？
どう見てもキツネ
消火栓の近くに出たからきっと京博を守りに現れたのですよ
そ そんなもん？
お稲荷さんといえば商売繁昌の神様
と とりあえず拝んどこ
この仕事があんじょういきますように
と願をかけたおかげか――
ハイ撮りまーす
この漫画連載のことを京都新聞社さんが取材に来て下さった
しかもその記事
バーン!!
ええッ
京都新聞
夕刊
まさかの夕刊一面トップ!
まあ たまたまだと思うけど
器ちっさいので あんまり大きい幸運より ほどほどのを どうぞよろしゅうに
京博に行くとつい手を合わせに行くグであった
ちなみにこのグランドロビーの壁はドイツのジュライエローという天然石でアンモナイトや貝の化石も見つかるそう
平成知新館は壁にも注目!
夏はぜひ京博に涼みにいらして下さいね!

第2章

深掘り！　京博で働く人々

会場運営スタッフ
受付や看視など

京博に行って
観覧券を買う
大人一枚
いらっしゃいませ
入館する
←入口
展示作品を見る
この間私たちが接する人々は
京博から会場運営を委託されている人材派遣会社に所属しているスタッフさんだ
会場運営統括の酒井です
同じく統括の中本です
よろしくー
京博は戦前はわからないのですが戦後から会場運営を委託しています
実は私 長いこと展示室で看視している人が学芸員さんだと思ってて
すいませーん
この作品って
たまに質問とかしてました
確かにそう思ってる人は多いです
看視業務を担っているのは私たち会場運営のスタッフです

やはり作品についての質問をなさる方が多いので特別展の時などはスタッフのみなさんにレクチャーを受けてもらいます
スタッフは美術好きが多いのでみんな熱心です
ちなみに私も小さい頃から博物館美術館大好きです
僕は歴史好きです
へー
作品の情報と共にどの作品がどこに展示されているか把握するのも大事です
人気の作品は特に聞かれます たまに展示室に入るなり
○×△はどこにあるの!?
ハァ ハァ
つきあたりの展示室の一
どうも!
ああー館内は走らないでーッ
なんてこともあります
あ 私も館内を走ったことはないけど友達ととある美術館に行った時
きゃーこれめっちゃきれい
ホンマ
すいません お静かに
――って注意されたことあります
小さな声での会話なら大丈夫なのですが
もうちょっと静かに話してほしいんやけど…
ギク
というお客様の無言のお願いを感じたりすることもあります

あとよくお声掛けするのは写真を撮る人ですね
そうですねーお声掛けしたら
あらっ東博はOKなのに
——って言われたり
東京国立博物館
えっ東博はいいんですか？
はい 東博※は主に館蔵品を展示してますが京博は社寺等からお預かりしている寄託品が多いので所有権の関係もあり撮影はご遠慮願ってます
にゅっ
なるほどー
あとご指摘が多いのは暗い！と
展示室が寒い！ですね
あー確かに…
それは全て作品保護のためで明るい照明や湿気と乾燥は劣化の原因なので展示作品に応じた照度や温湿度を保つことにしています
にゅっ
ご理解のほどを
あ
失礼
はい……
わかりましたよろしく
イヤホンで何か聞いてる
今お客様のゲタの音がうるさいとご指摘があったそうです
そういえばゆかた姿の女性を見かけました
ゲタやハイヒールの音はけっこう響きます1階受付インフォメーションではスリッパをご用意していますのでご利用下さい
受付
スリッパの貸し出し！知らんかった

※東博の展示も撮影禁止の場合があります

ところでその2つされているイヤホンは？
これは無線で
ペットボトル
防災・お客様サービスセンターのものとスタッフ同士でつながっています
あと職員誰とでもつながるPHSと
会社からのスマホを持っています
たまに4機が一度に鳴ってアセることもあります
たとえばどんなふうに使うんですか？
そうですね今の暑い時期は
大丈夫ですか？
気分が悪くなった方がおられます救急用休憩室にお連れしますので応援願います
なんてことがありますね
具合によっては防災センターに救急車を要請してもらいます
入館者が多い特別展の時は看護師さんに来ていただいてます
人いきれで気分の悪くなる方もいらっしゃいますので
へえ～
お客様が多い時は大変ですね
そうですね
ただ私の場合少ない方が困ります
というと？
お客様がほとんどいらっしゃらない時って時間の流れ方がおかしいんです…
だいぶ時間が経ったと思ってふと時計を見ると――

※足の健康や快適を重視した靴

私はゴミを拾う時のためのゴム手袋
時節柄
それから展示ケースの汚れをふく布 これはみんな持ってます
指紋とか見つけたらチャッチャとふきます
けっこう多いんです
あの〜ちょっと気になったのですが
みなさんプライベートで他の博物館や美術館へ行ったら
どうなるんですか？
あー
そりゃあもう…
ええ
あああ作品にはさわらないで〜〜〜
きゃっ
きゃっ
ペタペタ
気になって
ハッ
ボールペンやシャーペンでメモをとらないで〜〜〜
ふむふむ
展示ケースや作品に傷がつくおそれがある
気になって仕方がありません
一度とある美術館へ行った時—
ドヤドヤ
アハハ
団体客が入ってきて
きゃっ
きゃっ
それがもう騒がしいのなんの
アハハ
ホラあれは声掛けしなアカンやろ
看視員に圧を飛ばしても気付いていただけなかったので思わず—

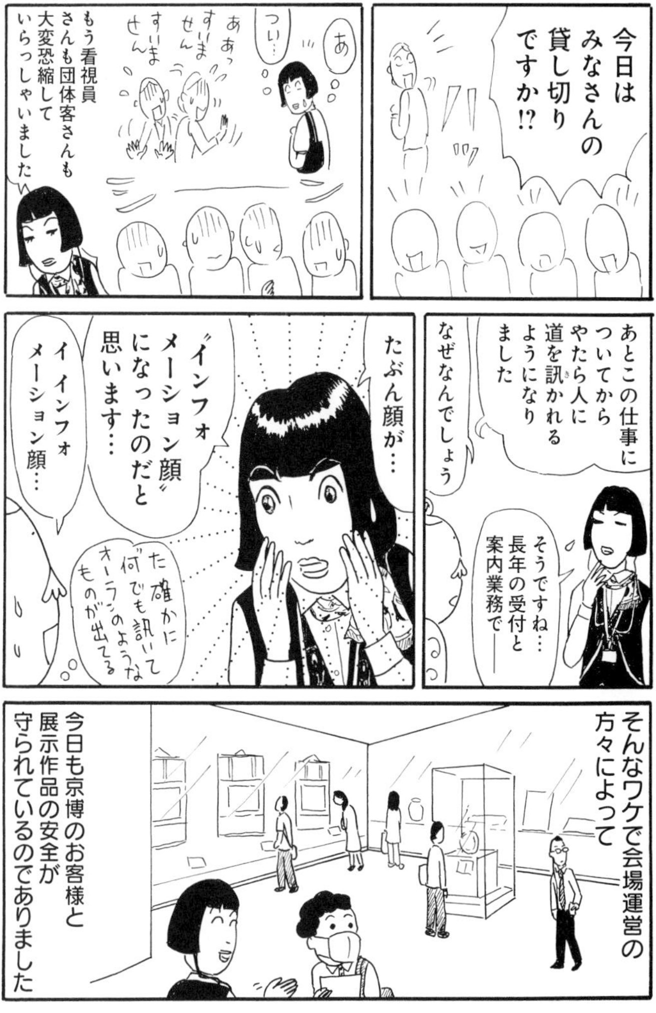
今日はみなさんの貸し切りですか!?
あ
つい…
あぁっすいません
すいません
もう看視員さんも団体客さんも大変恐縮していらっしゃいました
あとこの仕事についてからやたら人に道を訊《き》かれるようになりました
なぜなんでしょう
そうですね…長年の受付と案内業務で——
たぶん顔が…
〝インフォメーション顔〟になったのだと思います…
た確かに何でも訊いてオーラ〜のようなものが出てる
イ インフォメーション顔…
そんなワケで会場運営の方々によって
今日も京博のお客様と展示作品の安全が守られているのでありました

グレりんコラム
京博の鉄柵

京博の入口などにある鉄柵。構内にしっくりなじむデザインだなと思ったら

優美なデザイン……

明治古都館の屋根のこの飾りを模してつくられたそうです。

衛《えい》士《し》

警備や監視

京博には〝衛士〟という職名の職員さんがいるそうだ
実は〝衛士〟という職名は元々は〝護衛の兵士〟という意味でおそらく京博が帝室博物館だった頃の名残と思われます
へぇー
当時の衛士さん（イメージ）
制服の資料残ってないそう
現在〝衛士〟という職名がある博物館は東京・奈良・京都の国立博物館の３館のみです
ずいぶん古式な感じの職名ですがどんな仕事をされるのですか？
グ
博物館の警備 展示作品の監視 来館者に対する案内整理 等々です
キラーン
衛士長の牧です
勤続23年です
同じく衛士の阿部です 2年前に入ったばかりです
彼女は京博初の女性衛士さんなんですよ
へぇー

来館者に対する案内というと前回取材した会場運営スタッフと仕事が重なるのですか？
そうですね
少し重なりますが会場運営のスタッフ警備会社のスタッフ
そして私たち衛士が協力し合って京博の防災と防犯に取り組んでいます
こちらが私たちがつめている防災センターです
ひゃー
モニター画面がいっぱい！
全部で125画面あります
また野外には赤外線レーダーカメラをつけているので夜に何かが侵入すると反応します
へぇー
火災やガス漏れなどにもすぐ反応できるようになっています
火災
ガス漏れ
もちろん24時間体制です
へぇー

明治から続く〝衛士〟の仕事もこういう最新システムと共にあるんですねぇ
もちろんモニターを見るだけでなく館内 庭園 屋外の巡回もします
人間も24時間体制で夜勤もあります
夜勤の時赤外線レーダーが反応したらこわいですねぇ
いやしょっちゅう反応しますよ
ええッそんなに不審者が⁉
いいえ 人間ではありません
主に猫
ハクビシン タヌキ等の小動物です
ハハクビシンやタヌキ⁉
ワイルドー!
ええ 京博東側の山やお寺から来ていると思われます
あ あと何か人間ならざるものに反応したりとかは？
そうですね…これは夜勤の時だったのですが…
ドキ
ドキ
怪談大好き♡
ビー！
えっ
夜中シャッターが降りて誰もいないはずの展示室に警報が！
何？ 誰か侵入した？
まさかこんな厳重に閉めてるのに
ドキ
ドキ
とおそるおそる展示室に行くと――

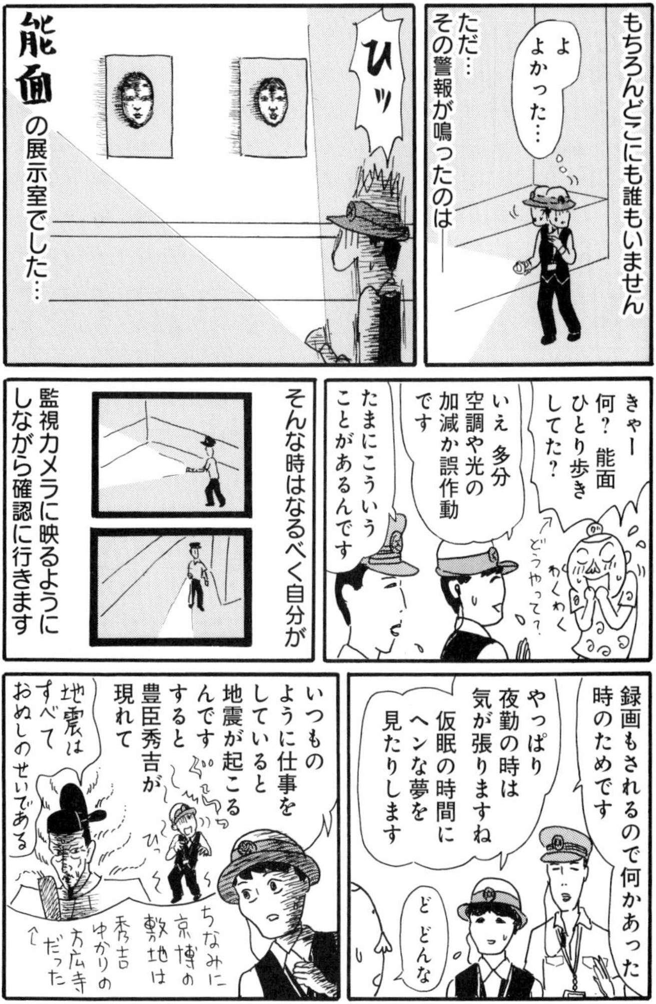

もちろんどこにも誰もいません
よ よかった…
ただ… その警報が鳴ったのは――
ひッ
能面の展示室でした…
きゃー 何？ 能面ひとり歩きしてた？
わくわく
どうやって？
いえ 多分空調や光の加減か誤作動です
たまにこういうことがあるんです
そんな時はなるべく自分が監視カメラに映るようにしながら確認に行きます
録画もされるので何かあった時のためです
やっぱり夜勤の時は気が張りますね
仮眠の時間にヘンな夢を見たりします
ど どんな
いつものように仕事をしているとんです地震が起こる
いつものように仕事をしていると地震が起こるんです すると豊臣秀吉が現れて
地震はすべておぬしのせいである
ちなみに京博の敷地は秀吉ゆかりの方広寺だった

よってロダンの考える人像前で切腹!!
いやあーッ
ーという夢をなぜか月イチで見ます…
よ よほど気が張ってるんですね
やはり大きな地震や台風が来たら大変ですからね
京博は指定緊急避難場所になってます
そうなんですか
知らなかった…
水や毛布ダンボールベッドも用意してあります
へえ〜今までに避難場所になったことはあるんですか?
私がここで仕事をしてからは'18年の豪雨の時に…
わりとすぐに解除されましたが…
ありましたね すごい豪雨
避難所になった際の人の誘導や整理も衛士さんの仕事なんですか
そうです
実は私 地震や事故で避難生活を体験していて…その体験を活かすことができたら…と思って衛士の仕事を選びました
それは大変でしたね
はい 避難所では男性に相談しにくいことも多かったので
なるほど確かに女性の衛士さんが避難所にいたら女性にとっては心強いですね
はい

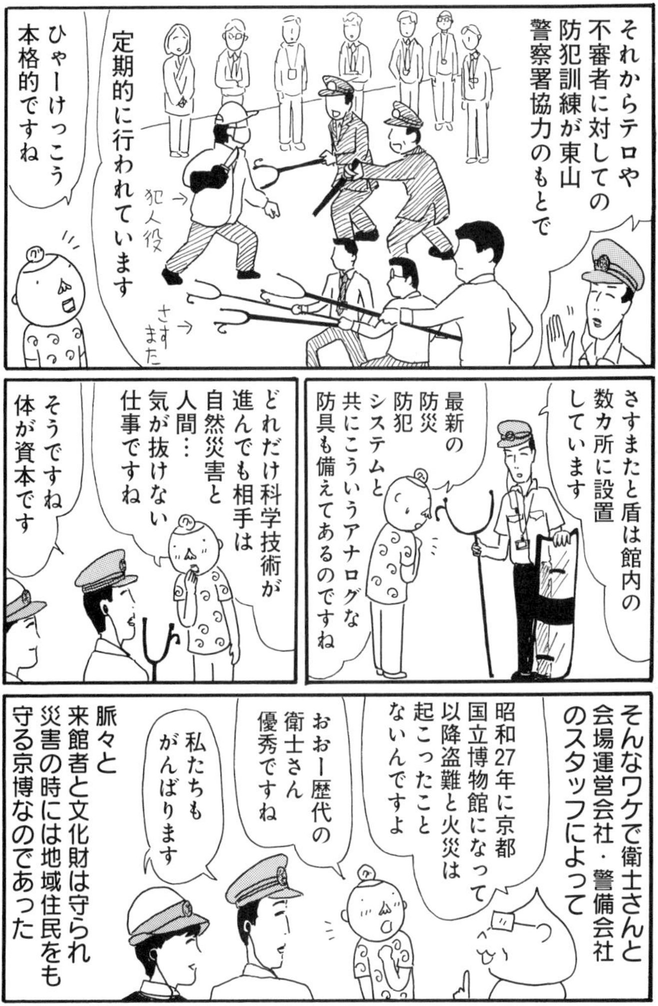
それからテロや不審者に対しての防犯訓練が東山警察署協力のもとで
犯人役→
さすまた→
定期的に行われています
ひゃーけっこう本格的ですね
さすまたと盾は館内の数カ所に設置しています
最新の防災防犯システムと共にこういうアナログな防具も備えてあるのですね
どれだけ科学技術が進んでも相手は自然災害と人間…気が抜けない仕事ですね
そうですね体が資本です
そんなワケで衛士さんと会場運営会社・警備会社のスタッフによって
昭和27年に京都国立博物館になって以降盗難と火災は起こったことないんですよ
おおー歴代の衛士さん優秀ですね
私たちもがんばります
脈々と来館者と文化財は守られ災害の時には地域住民をも守る京博なのであった

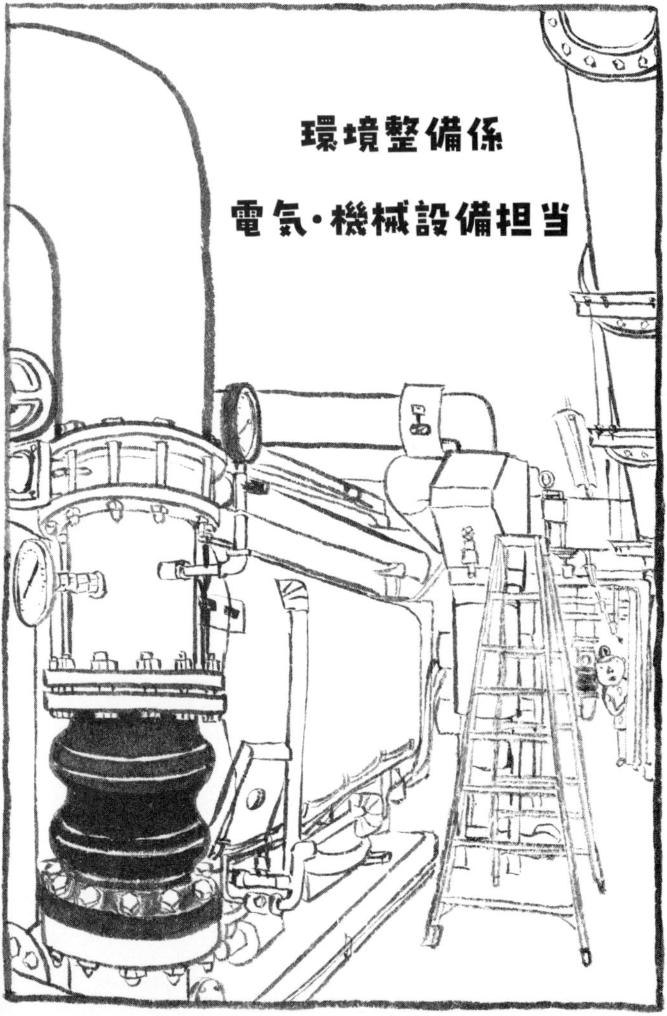
環境整備係
電気・機械設備担当

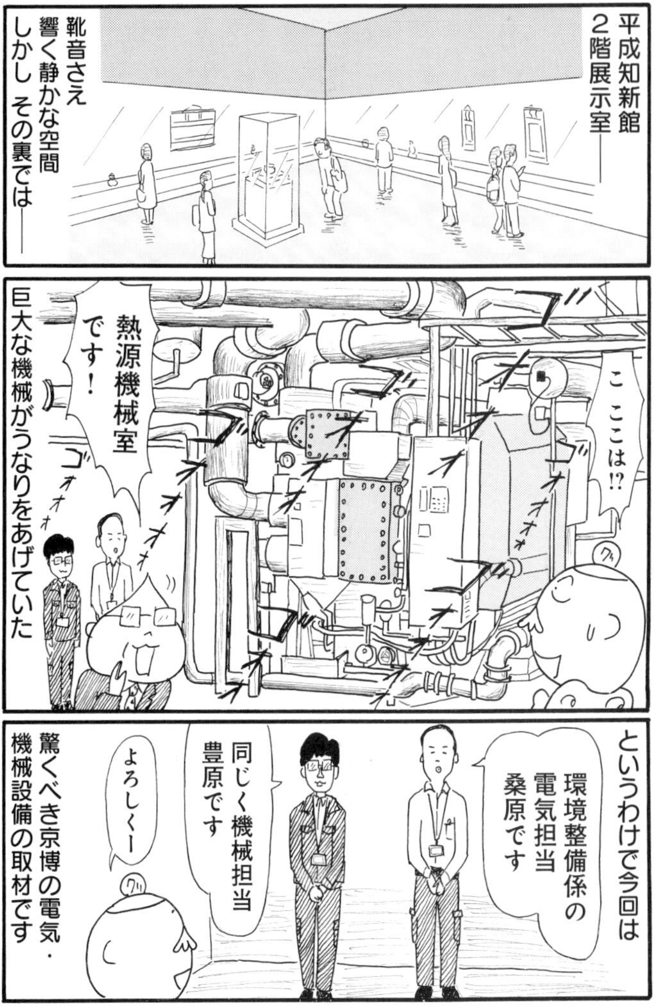

平成知新館
2階展示室――
靴音さえ
響く静かな空間
しかし その裏では――
こ ここは!?
熱源機械室
です!
ゴォォォ
巨大な機械がうなりをあげていた
というわけで今回は
環境整備係の
電気担当
桑原です
同じく機械担当
豊原です
よろしくー
驚くべき京博の電気・
機械設備の取材です

環境整備っていうと具体的にどんなことをされるのですか？
電気や空調機の維持管理や
あすいません今エレベーターの調子が悪いというのでちょっと見てきます
――といった館内の電気機械設備の故障等の対応です
タッ
空調機などの運転はコンピューターで管理されています
こちらは防災センターのとなりの中央監視室です
京博内の展示室収蔵庫の温湿度や空調機の運転状態がわかるようになってます
これは収蔵庫1の管理画面です
うわあ細かい…
これらの記録を運転監視業務を委託しているスタッフに毎日チェック報告してもらっています
記録の他にもいろんな業務をしています
というと？
例えば蛍光灯が切れた 水道が止まらない トイレの水が流れない ドアの取っ手がはずれたということにも対応します
一般家庭でも起こることが京博でも起こりますよね

それから平成知新館の前にある水盤や噴水の管理
藻が生えないよう薬品を入れたり落葉を取ったりします
京博ならではの業務ですね
どうもお待たせしました
ではご案内します
まずは平成知新館の2階へ
2階って展示室ですよね
こちらになります
ええ！こんなところに隠し扉が！
別に隠していません
この目立たない扉の先に——
冒頭の熱源機械室があったのだ
これは直《じか》だき吸収式冷温水機です
ゴオオオ
京博の空調はこの熱源で作った冷水温水を使って各部屋に適温の空気を送っています
それでこんな配管があるんですね
そうです
しかし音でかいですね
はいっ外に音が響かないよう
壁には防音材をつけてます

そして熱源機械室の外には
冷却塔があります
どどーん
ザァー
ザァー
ザァー
ザァー
で　でかい
熱源が冷水を作る時に発生する熱を冷やすためのものです
この冷却塔は大きなビルだとたいてい屋上にあります
だから梅田の高いビルの展望台へ行くと
あの冷却塔大きいな空調能力高そうだ
ふーむ
つい冷却塔に目がいってしまいます
めちゃマニアックですね
そしてこちらが電気室です
ガチャ
こちらは電気を各部屋に送るための配電盤です
ずらら
いわばブレーカーの大きいバージョンです
うわーあえんえんと並んでる

それから停電になった時のための非常用発電機
停電に備えて定期的にメンテナンスしています
では地下2階の機械室へ行きましょう
うぃーーん
展示作品を運ぶエレベーター
積載量 4トン
うわー ポンプのようなものがえんえんと……
ゴオオ
これは冷水ポンプ温水ポンプといって熱源で作られた冷水温水を各空調機へ送っています
こちらが空調機です
ゴオオオ
送られてきた冷水温水を使って適温の風を作りダクトを通って各室へ送ります
一見大きなロッカーみたいですね
えんえん続いてる…
中にはこのようにフィルターが
外に一番近いロビーの空調機が一番汚れるのが早いです

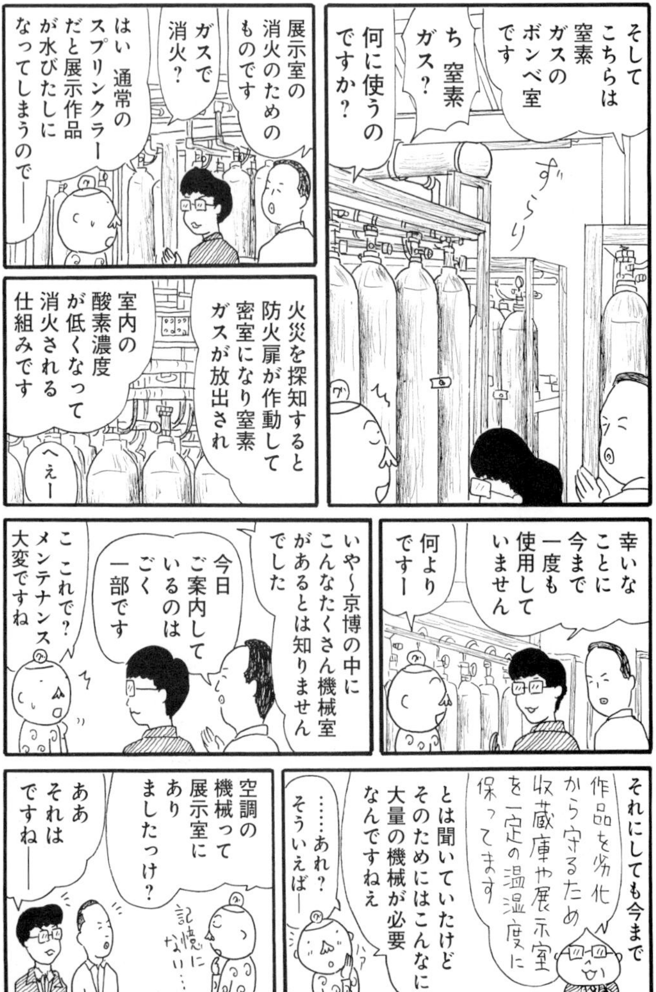

そしてこちらは窒素ガスのボンベ室です
ち 窒素ガス？
何に使うのですか？
ずらり
展示室の消火のためのものです
ガスで消火？
はい 通常のスプリンクラーだと展示作品が水びたしになってしまうので――
火災を探知すると防火扉が作動して密室になり窒素ガスが放出され
室内の酸素濃度が低くなって消火される仕組みです
へぇー
幸いなことに今まで一度も使用していません
何よりですー
いや〜京博の中にこんなたくさん機械室があるとは知りませんでした
今日ご案内しているのはごく一部です
こ これで？メンテナンス大変ですね
それにしても今まで
作品を劣化から守るため収蔵庫や展示室を一定の温湿度に保ってます
とは聞いていたけどそのためにはこんなに大量の機械が必要なんですねえ
……あれ？そういえば―
空調の機械って展示室にありましたっけ？
ああそれはですね――
記憶にない…

あそこです
え
あの細長い穴から適温の空気が出ています
ええ 知らなかった
それから排気口は展示ケースのうしろにあります
いや〜 全然気付きませんでした
音も静かだし
そしてこちらが防火扉
普段は壁と一体化してるんですね わからなかった
そうでしょう だからたまに他の博物館に行くとまず消火設備や空調設備が気になって…
わかるわかる
職業病ですねぇ
僕は展示室の空調の流れが気になって靴ヒモを直すフリして風向きを確かめたりします
ペロ
そよ〜
めっちゃあやしい人ですね
そんなワケで展示や収蔵環境を維持するためにはこんなに大量の設備と
これから明治古都館の改修が始まるので彼らの大活躍が期待されます
うわーそりゃ規模が大きい仕事ですね
はい 楽しみです
環境整備係とスタッフの方々の働きが不可欠なんだと思った今回の取材でした

グレりんコラム
京博の休館日
休館日に防火扉の作動点検を見学させてもらった。
バタンッ
バタン
バタン
バタン
バタン
バタン
バタン
ひゃーッ
ホンマに壁が動いてる!
わたしたちの仕事には展示作品が片付けられて次の作品が展示されるまでの間にしなければならない作業も多いんです
なるほどー休館日がけっこう長いワケですね
と言ったら
いや長くないです
短いです!
やることいっぱいです!
――と怒られた。

学芸部企画室

スケジュール管理・広報・展示ディスプレイ

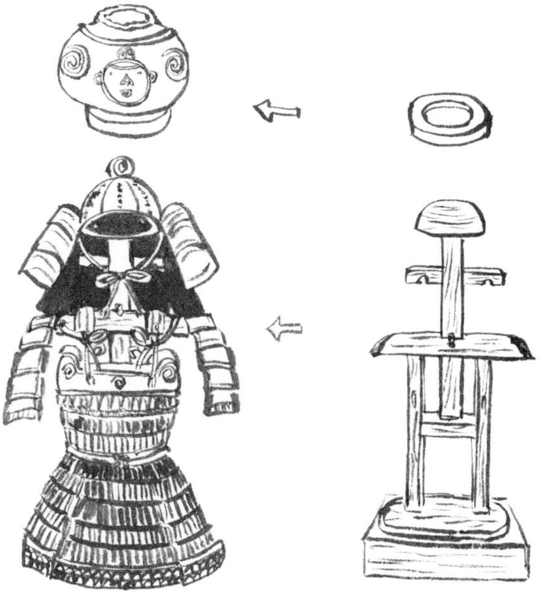

さて今回はグがいつもお世話になっている
森島さん
小林さん
がいらっしゃる京博の学芸部企画室の取材
どんなふうにお世話になっているかというと
そろそろ原稿を….
うう…
校正です
うわー めっちゃ字まちがえてる…
スケジュール管理・漫画の校正や事務的なことなどの他に
え…と
このアングルかな…
ハイ
送信
ポチ
そうですそうです このアングルです― 助かります～
よかったです また何かあれば
京博取材時に撮るのを忘れたり失敗した写真を改めて撮って送ってもらったりしている
企画室は展覧会をとどこおりなく進めるためのスケジュール管理
図録や題箋《だいせん》等さまざまな文書の校正
企画室長兼工芸室長 山川さん
展示を多く知ってもらうための広報
企画室 太田さん
私はHPを担当してます
展示ディスプレイの制作・管理をしています
考古室長兼企画室研究員 石田さん
いろんなことをされてますねえ

展覧会の企画ってどうやって決まるのですか？
まず 京博の場合 特別展と名品ギャラリー（平常展示）があります
わ
栗原副館長
にゅっ
はい 特別展の会場だった明治古都館が改修中なので特別展と名品ギャラリーが同時にできないんです
なので平成知新館で特別展と名品ギャラリーどちらかを展示しています
1日も早い明治古都館の改修が待たれます
そうですねー
両方見たい
特別展の企画はだいたい3年前から始まります
3年も前から！
どんなふうにして決まるんですか？
それは
ウチの寺の〇百年記念にぜひ
と引き合いがあったり
他の国立博物館の巡回展だったり当館の研究成果の展示だったりいろいろです
へー
企画が決まると主担当と副担当の研究員は展覧会の1年前までには
作品調査
関係者との顔あわせ
他館との出品作品調整
これは絶対展示させて！
ということを済ませます
へー

そして展覧会の正式タイトルが決まると 主担当は──
9ヵ月前 ドリームプラン作成 依頼状作成
出品交渉開始
8ヵ月前 プレチラシ掲載作品決定
7ヵ月前 プレチラシデザイン オリエン・コンペ決定
プレスリリース作成開始
半年前 全体会議 出品交渉完了
出品リスト確定・画像収集・撮影開始
広報用画像決定 プレ記者発表
5ヵ月前 原稿執筆依頼 展示図面・展示台検討
ディスプレイ オリエン・コンペ決定
4ヵ月前 全体会議・図面確定
多言語解説・音声ガイド用作品選定
図録編集打合せ・図録仕様決定
記念講演会スケジュール・タイトル決定
3ヵ月前 先行集荷 全体会議 作品解説入稿
ご挨拶・章解説・コラム 作品確認
2ヵ月前 翻訳原稿入稿 カラー・モノクロ台確認
招待状リスト確認 音声ガイド原稿校了
1ヵ月前 全体会議 運営スタッフ向け説明会
カラー台校了 集荷スケジュール決定
3週間前 モノクロ台校了 部屋看板確認
2週間前 会場配布用出品リスト確認
1週間前 作品搬入 展示
前日 記者発表
──というのが開幕までのスケジュール
ひええ研究員さんやることいっぱい!!
このスケジュールを管理して原稿などの〆切を守ってもらったりするのも私たちの仕事です
へーやっぱり〆切守らない研究員さんいるんですか？
います
そ そりゃいますよね どこの世界でも…
目そらす
ハッ 今おそろしいことに気付いたんですが
特別展 3年後もあれば2年後にも1年後にもあるのでは!?
そうなんですよー いろいろ同時進行です
これスケジュールの確認表です
うふふ
うふふ
ひぇえ 電車の時刻表みたいッ

開幕1カ月前ともなると私たちもラストスパートです
部屋看板 題箋 出品リスト 入稿!
ハイッ
記者発表 案内作成 音声ガイド リスト校正!
ハイッ
よっしゃすべて校了!!
ハイッ
出品リストと図録納品!!
さあ あと少し!!
ダダダダダダダダダダダダダ
※イメージです!
ダッ
あ 私一度とある美術館で
すいません 図録まだできてなくて…
―って言われたことあります
私の記憶する限り当館では一度もそのようなことはありません!
キリッ
そして前日 音声ガイドや題箋貼り等を確認して
作品と題箋ちゃんと合っているか
OK!
よし
照明の調整
いよいよ開幕となります
ハァ～ 何というか展覧会って開幕に間に合わせられるから開幕できるんですねぇ
そうです
当たり前やけど…
もうひとつの名品ギャラリー(平常展示)はどのように決まるんですか?
はい その年の干支にちなんだ展示 ひなまつりの展示など毎年恒例のものもありますが――
ちなみに私はひなまつり担当
あとはそれぞれの分野の研究員の――

心のままに…
キラーン
そ それは つまり どんな 展示をするか研究員 さんの腕の見せどころ ということですね
そうなんです
そして その展示作品をいかに美しく安全に見せるかを手伝うのも企画室の仕事です
では演示具《えんじぐ》のある場所へ ご案内します
えんじぐ?
こちらです
わぁ ここは?
ようこそ こちらは展示台や演示具という展示のために使われる道具の保管所です
企画室 展示支援担当 青木さん
展示台はこのようにコンパクトにできる組立て式です
クロスを貼った板を磁石で側面に取り付けられるようになってます
アルミ製
磁石
こちらは"斜台《しゃだい》"といって絵や巻物を置く台
サイズもいろいろあります
へー

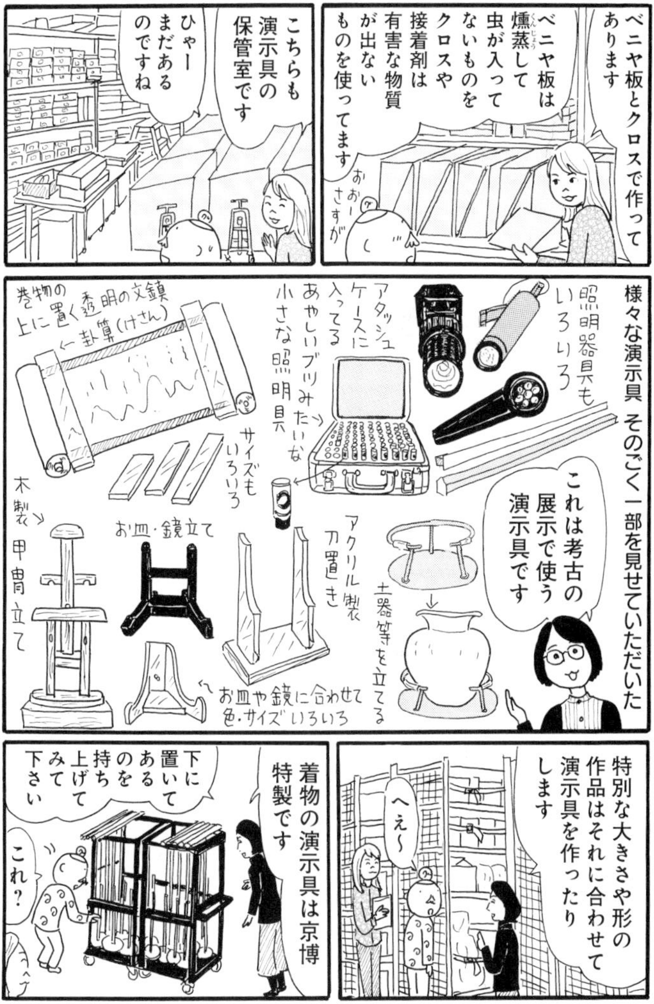
ベニヤ板とクロスで作ってあります
ベニヤ板は燻蒸《くんじょう》して虫が入ってないものをクロスや接着剤は有害な物質が出ないものを使ってます
おおーさすが
こちらも演示具の保管室です
ひゃーまだあるのですね
様々な演示具 そのごく一部を見せていただいた
照明器具もいろいろ
アタッシュケースに入ってるあやしいブツみたいな小さな照明具
巻物の上に置く透明の文鎮
←卦算(けさん)
サイズもいろいろ
これは考古の展示で使う演示具です
土器等を立てる
アクリル製刀置き
お皿・鏡立て
木製→甲冑立て
お皿や鏡に合わせて色・サイズいろいろ
特別な大きさや形の作品はそれに合わせて演示具を作ったりします
へえ〜
着物の演示具は京博特製です
下に置いてあるのを持ち上げてみて下さい
これ？

おっ重ッ
ダンベルみたい
ここまで重いと地震が来ても倒れません
これに着物のサイズに合わせた腕木を差し込みます
ネジでしめる
へぇ〜 いろいろ工夫されてるんですねぇ
ええ だから他の博物館に行くと…
あらこれ照明器具どこにあるの?・
作品が どんな工夫で展示されてるか気になって…
私もすごく気になります〜
ぎゃーッ 作品に西日当たってるッ
やめてー
しょ 職業病ですね
京博で働く人の職業病がシリーズ化してきてる〜
それにしても展示の入れ替えは展示台や演示具の入れ替えということだから大変ですねぇ
そうですね開幕前は文字通り走りまわるので必ずといっていいほど——
やせます
うん うん うん
お疲れ様です…
そうなのだ 展覧会が開幕できるのは開幕に間に合うよう努力する人々がいるからなのだ—と改めて思った企画室の取材でした

学芸部教育室

ミュージアム・カートや
文化財ソムリエ

京博の展示室に行くと
博物館 Dictionary
歴史の舞台！ 観心寺と金剛寺
展示中の作品について解説された印刷物が置いてある
いつも展示作品のことがコンパクトにわかりやすく解説されている
ふむふむ
漢字にはふりがなが
グ
こういったガイドを編集発行しているのが学芸部教育室
室長の永島です 漆工も担当してます これから展示替作業なので失礼します〜
主任研究員の水谷です
事務補佐員の河合です
同じく湯本です
よろしくー
教育室ではガイドの発行の他にも
講座を企画したり
ジュニア版音声ガイドを作ったり
入門的な特集展示をしたり…
グ
入門的な展示というと？

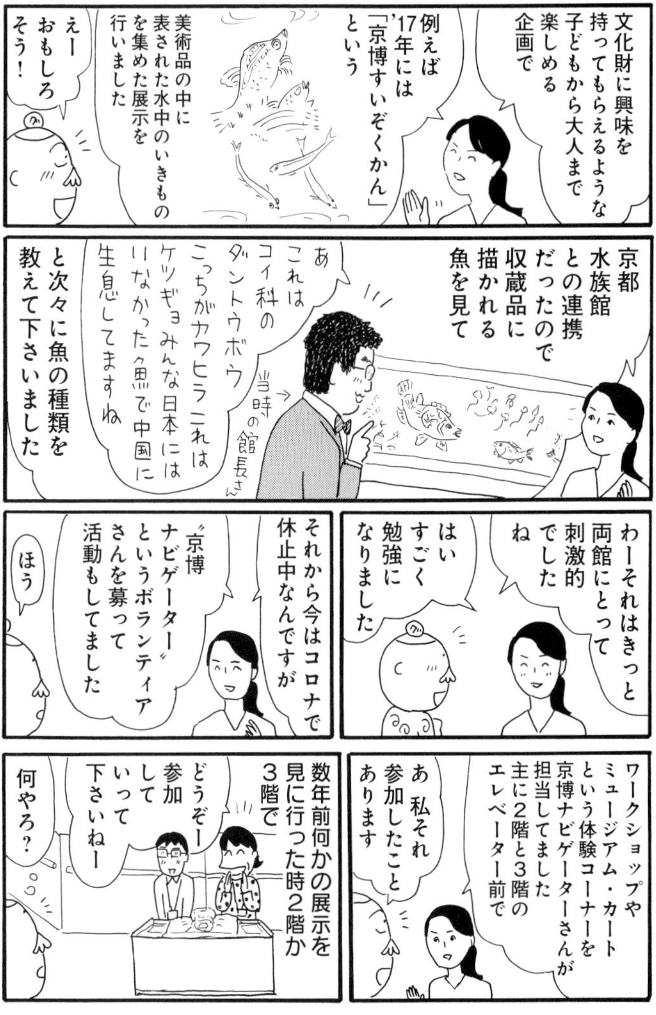

文化財に興味を持ってもらえるような子どもから大人まで楽しめる企画で
例えば'17年には「京博すいぞくかん」という
美術品の中に表された水中のいきものを集めた展示を行いました
えーおもしろそう！
京都水族館との連携だったので収蔵品に描かれる魚を見て
あ これはコイ科のダントウボウ こっちがカワヒラ これはケツギョ みんな日本にはいなかった魚で中国に生息してますね
当時の館長さん
と次々に魚の種類を教えて下さいました
わーそれはきっと両館にとって刺激的でしたね
はいすごく勉強になりました
それから今はコロナで休止中なんですが
〝京博ナビゲーター〟というボランティアさんを募って活動もしてました
ほう
ワークショップやミュージアム・カートという体験コーナーを京博ナビゲーターさんが担当してました 主に2階と3階のエレベーター前で
あ 私それ参加したことあります
数年前何かの展示を見に行った時2階か3階で
どうぞー参加していって下さいねー
何やろ？

何も売りつけないから大丈夫ですよー
さあさあ
じゃあ見るか
というので行ってみると
グリ
ひッ
グリ
そこには眼光するどい仏像の首が!!
こちらですね
す
それ!!
た確か顔がかぱって取れて
かぱっ
こうですね
さ　さらには眼がくり抜かれて!
はたから聞いていると何のホラーかと思いますよ
これは彫刻の教材で天部の仏像の玉眼模型です玉眼がどんなふうに入っているのか
あーそうそう
グリ
玉眼
構造がわかるようになっています

※178ページ参照

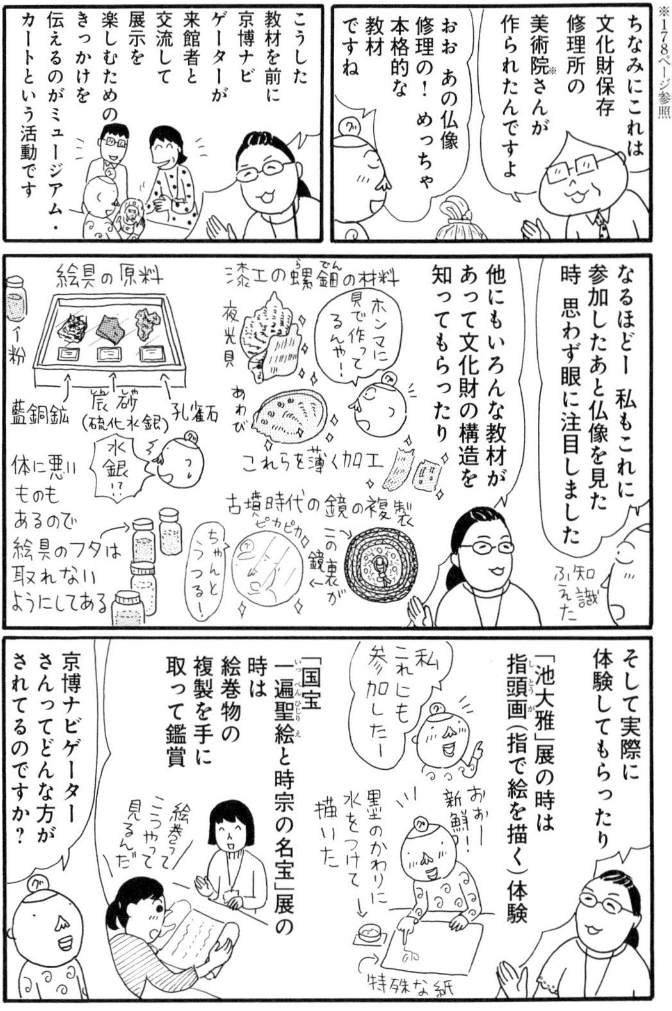
ちなみにこれは文化財保存修理所の美術院※さんが作られたんですよ
おお あの仏像修理の！ めっちゃ本格的な教材ですね
こうした教材を前に京博ナビゲーターが来館者と交流して展示を楽しむためのきっかけを伝えるのがミュージアム・カートという活動です
なるほどー 私もこれに参加したあと仏像を見た時 思わず眼に注目しました
知識ふえた
他にもいろんな教材があって文化財の構造を知ってもらったり
漆工の螺鈿《らでん》の材料
夜光貝
あわび
ホンマに貝で作ってるんや！
これらを薄く加工
絵具の原料
粉
藍銅鉱
辰砂（硫化水銀）
孔雀石
水銀!?
体に悪いものもあるので絵具のフタは取れないようにしてある
古墳時代の鏡の複製
ピカピカ
ちゃんとうつる！
この裏が
鏡
そして実際に体験してもらったり
「池大雅」展の時は指頭画《しとうが》（指で絵を描く）体験
私これにも参加したー
おおー新鮮！
墨のかわりに水をつけて描いた
特殊な紙
「国宝一遍聖絵《いっぺんひじりえ》と時宗の名宝」展の時は絵巻物の複製を手に取って鑑賞
絵巻ってこうやって見るんだ
京博ナビゲーターさんってどんな方がされてるのですか？

ナビゲーターさんは200人
老若男女さまざまな方がおられます
そんなに！やっぱり歴史や美術好きの方なんですか
もちろんそういう方も多いですが
歴史はさっぱりだけど人と話すのが好きという方や逆に歴史は好きだけど人と話すのはニガテという方もおられます
へー
いろんなナビゲーターさんが出会うことでお互い刺激になるし
この時代の仏教は…
へーえよー知ってるなあ
何も売りつけないから大丈夫ですよ
さあさあ
もじもじ
すごい
来館者と対話することでも勉強になるし
お客さんめっちゃくわしいわー
ハハハ
いやー私これが専門で
もしかして○○先生!?
その道の大家だったりしたことも
そしてナビゲーターさんが聞く来館者の感想や意見は
今日こんなこと言うてはりました
それからこんな意見も
ふむふむ
教育室や京博にとっても貴重です
けれど２０２０年新型コロナウイルス流行…
来館者とまぢかで対話し教材に触れるミュージアム・カートは休止せざるをえませんでした
その代わりに申し込みが増えたのは文化財ソムリエの活動です
文化財ソムリエ？

京都市内の小・中学校を訪問し文化財に親しむ授業を行う活動です
コロナで外へ出られなくなったので訪問授業が歓迎されるようになりました
なるほどー
どんな授業をされるのですか
子どもたちとの対話を重視した授業で講師は大学生や大学院生の〝文化財ソムリエ〟が務めます
実は私もそうでした
へえ！
文化財ソムリエに応募して京博で勉強会授業準備リハーサル等のスクーリングを受けてから授業に行きます
ふむふむ
そこで持って行くのが
どんっ
建仁寺の「風神雷神図屏風」
日本美術を代表する作品の高精細複製品です
おお～
他にも京博の「天橋立図」「四季花鳥図屏風」など
この複製を前に子どもたちと対話をしながら絵の面白さを伝えていくのですが
そう！
これは風の神様と雷の神様の絵
ちょっと若い
ふたりの神様は何をしているところだと思う？

あそんでるー
ケンカしてるー
二人はライバル
ダンベル持ってるー
あ…あんたらが面白いわ
中には真剣に
風神雷神って本当にいるんですか？
ドキドキ
か…かわいい
けど何て答えれば……!?
キュー
そ それはアドリブ力と人間力が試されますね
はい 予想もできない反応にこちらも教えられることが多かったです
そういえば小・中学生の頃 教育実習の大学生のお姉さんお兄さんって
好き
必ず恋する女子がいた
なんだかまぶしかったなあ
風神雷神と共に現れるお姉さんやお兄さんインパクトがあって作品と共に記憶に残るでしょうね
はい それがきっかけで文化財に興味を持ってくれたらうれしいです
うん
うん
そしてその子たちがいつか京博に来てくれることが
私たち教育室員の願いです
文化財に興味を持ってもらうための種まきのような活動…教育って交流のことなんだなあと思った今回の取材でした

グレりんコラム 京博ナビゲーター

'23年、京博ナビゲーターさんが3年ぶりに募集されました。

京博ナビゲーターちょっとやってみたいな……
わーお あーゆー シャー・ルク・カーン!?
おしのびで来日した海外スターが来たりして…
ファンですーッ
しっー
フフフ
ふふふうふふ
動機不純やな

ミュージアム・カートは'24年1月から再開される予定だそうです。

京博の働き者
最強のPR大使、トラりん

寅年1月――
今年はじめて京博におじゃましたー
京博のお正月へようこそ!
京博のお正月 寅づくし
春の舞
あ 栗原副館長 今年もどうぞよろしく
こちらこそ ハイ これ プレゼント
ふおっ
京博の公式キャラクター トラりんのオリジナルポストカード!!
りん
令和4年
寅 年
トラりん
羽織袴がシブい♡
寅年の年頭に入館者の方に先着順でお渡ししたものです
太っ腹ですねー
大人気でしたよー
1月2日から2月13日まで新春特集展示として「寅づくし―干支を愛でる―」を開催中なのでご案内します
本日開催
春の舞
京博のお正月 寅づくし
よろしくー

いろんなトラがいますよ〜〜〜
竹に虎文様掛下帯 刺繍の虎 江戸時代 19世紀
染付山水丸紋鉢 井上松兵衛作 江戸時代 19世紀
虎図 岸駒《がんく》筆 江戸時代 19世紀
いずれも京博所蔵
？
どうしました？
た
たまらん…
ぷるぷる
み…みんなトラのくせになんかビミョーに猫っぽい〜〜〜!!
きゃわわわ〜♡
ぷるぷる
あ 猫飼ってるって言ってましたよね
野生のトラは日本にいないから江戸時代の終わり頃まで多くの日本人は本物のトラを見たことがなかったんです
猫でイメージをふくらませたワケですね
そしてかわいいといえば！
出たー!!
尾形光琳筆「竹虎図」!!
意外にコンパクト！

トラりんはこの絵から生まれたんですよー
いたずらっ子みたいな表情がたまらんかわいい〜♡♡
ポンッ
ん？
グレりんこんにちリン
トラりんだリン！
きゃーッ
トラりん!!
よろしくリン☆
ほ 本物のかわいさオーラムチムチ級
グレゴリさんしっかり！ホラ名刺もらって

これがボクの本名だリン
京都国立博物館
虎形琳ノ丞
通称「トラりん」
トラりん公式 やってるリン!
トラりんは、文化財保護活動を応援しています。
虎形琳ノ丞さま…古風ですてきなお名前…
尾形光琳の幼名「市之丞」からお名前を借りて当時の佐々木丞平館長（現名誉館長）がつけてくれたんだよ
ボクがデビューしたのは2015年10月10日から始まった特別展覧会琳派誕生400年記念「琳派 京《みやこ》を彩る」
琳派 京を彩る
RINPA
だからボクの誕生日は10月10日なんだリン！「虎＋琳派」で「トラりん」になったと聞いているリン！
デビューしたばかりのトラりん
トラりんはその後ミュージアムキャラクターアワード2016で1位を獲得したり世界キャラクターさみっとin羽生や京まふ（京都国際マンガ・アニメフェア）などでも大人気だったんですよー
ぐっ
テレるリン☆
トラりんPR大使の名に恥じない華麗なる活躍やなあ
ハァー

それから
トラりん
オリジナル
グッズもめちゃ
オシャレやし♡
トートバッグ
ぬいぐるみ
ポーチ
KYOTO NATIONAL MUSEUM TORARIN
他にもいろいろ♡
スマホの裏面に取りつける
スマホスタンド
ありがとリン
オンラインショップでも
買えるリン
と… ところでトラりん
コホン
トラりんは
京博ウェブサイトで連載してる
私の漫画読んで
くれてるかな？
もじ
もじ
もちろんだ
リーン！
きゃーッ
私もトラりんの
YouTubeや
X（旧ツイッター）も
見てる
リン
うつる
ありがと
リン！
ガシッ
あの〜
トラりんせっかくだから
この〝竹虎図〟の解説
よろしくリン
うつる
わかったリン!!
たのもしい
昔は虎は竹林に
住んで風を起こすと
考えられていたリン
だからこの絵は
竹の葉で風を
表現しているリン
へぇー

仏教の経典にもとづくと言われているリン
キリッ
よく勉強してるねえ
へえ〜
エッヘン☆
仏教の経典も読んだの？
えっ
ああっもう時間だリン！
これから新春イベント「芸舞妓 春の舞」があるリン
アセ
アセ
アセ
いらんこと聞いてしもた
グレりんも見に来てねー
バタバタ
ハーイ
ああ…おしりもかわいい…
ぷりぷり
ぷり
毎年新春イベントは芸舞妓はんに来ていただいているんですよ
へ〜
イベント 春の舞
会場は平成知新館の地下の講堂
パチパチパチ
芸舞妓 春の舞でした
パチパチパチ
ハァ〜華やかだった〜
芸舞妓はんの舞キレイでしたね〜
ホントにね〜 踊る工芸品みたいでした〜
でも最後のあいさつの時トラりんが登場するとさらに会場が華やかになって
おぉぉ〜
どよっ
工芸品みたいだった芸舞妓はんも素の笑顔になってかわいかった〜♡

見る者すべてを笑顔にできるってPR大使として最強ですねぇ
あ　そうそう　これ　見て下さい
トラりん偉大なり
トラりんポストです
あら　かわいい
お手紙が届くのをいつもトラりんは楽しみにしていて一通一通大事に読んでますよ
TORARIN POST
トラりんへのお手紙はこちらのポストに入れて下さい
トラりんは今年500枚ぐらい年賀状もらったんですよー
私より多いし
へぇー
……ハッ
あー私さっきトラりんと一緒に写真撮るの忘れてた〜
じゃあトラりん呼んでみましょう
わーすいません
ーというワケで…
トラりんとうれしはずかし記念撮影♡
ますます活躍するトラりんをどうぞよろしく〜〜〜!!

京博情報システム

パソコン整備やウェブ発信

世の中デジタルの時代である
ああッフリーズしたッ
バンバン
ホラッ動け!
昭和のテレビじゃないいんやから…
気持ちはわかるけど
パソコンが動かないと仕事にならないのである
もちろん京博もそうだ
こちらが京博のサーバ室です
サーバの保護のため温湿度は常に一定に保っています
へえー
情報担当 佐藤さん
藤澤さん
彼らは京博の情報機器の管理整備を担当しています
よろしくー
あ そうそう そこにある入退室管理簿にお名前と入室時間を書いて下さいね
はーい やっぱりセキュリティのためですか?

はい 物理的なセキュリティのためにいつ誰が入ったのか等を管理しています
あと監視カメラもありますのでご理解下さい
げ 厳重ですね
サーバラックの下には地震対策で免震装置をつけています
倒れてサーバがこわれたら大変ですもんね
物理的にこわれるのも恐いけど最近はネット上でウイルスとかサイバー攻撃とか危険なことが多いんですよね
そうですね それは——
毎日のようにあります
ま 毎日!
はい
なのでセキュリティの壁をつくってウイルスの侵入やサイバー攻撃に備えるのも私たちの大事な仕事です
セキュリティの壁…
早く壁を!
京博
脳内イメージ
ここは私の作業用の机なんですが何かしらトラブルが発生したらこのライトが光るようにしています
こんな感じで

ピカ ピカ
ピカ
ピカーーッ
デジタルの危機を伝える手段 どこかアナログ風味がありますね…
そうですね 他にもカミナリの音が聞こえた時は
みなさん停電に備えてデータ保存して下さい！
あわわ
ーーと口頭で注意に行きます
職員のパソコンに不具合が出た場合メンテナンスするのも彼らの仕事です
パソコンって何かと不具合が出ますよね 私のパソコン6年目で起動が遅くて…
あ それはもう換えた方がいいですよ
京博のパソコンは5年ごとに換えています
それはわかってるんですけど新しいパソコンを新たに設定するのが考えるだけでめんどくさくてーッ
パソコンを新たに設定するのも私たちの仕事です
ええーいいなー私のも設定して下さい
自分でやって下さい
あとスマホも5年以上使ってるのでその設定もぜひ
えーっと
あ スマホといえば京博のウェブサイトスマホでも見やすくなったのでぜひご覧下さい
グレゴリさんお久しぶりです

書庫の回でお会いした近藤です
列品管理室 情報担当 近藤さん
企画室の回でお世話になった太田です
企画室 太田さん
あ どうも どうも
二人はウェブサイトやデータベース等 情報発信の担当です
京博のウェブサイトもりだくさんですよねー
トラりんが研究員さんに展示作品を紹介してもらう〝虎ブログ〟読んでますー トラりんのかわいさと
順路→
お堅いイメージをブチやぶる研究員さんのノリノリ写真がいつも楽しいです
ありがとうございます トラりんもよろこびます
ウェブサイトでおススメのページは？
これから京博に行こうかな？ という人にぜひ見ていただきたいのが〝カレンダー〟です
トップページのカレンダーアイコンをクリック(タップ)すると
スマホ
パソコン
これ
12/20 開館 9:30-17:00
庭園のみ開館 >
カレンダーが出てきます
パッ
2022.12
日月火水木金土
ー休館日
休館日や特別展の日が色分けされています さらに——

例えば1月から名品ギャラリーが始まるのですがこの日に行こうかなという日を
2023.01
日 月 火 水 木 金 土
ポチッ
とクリックすると――
その日展示されている特集展示やジャンルごとの展示テーマがわかります
ポチ
へえ～特集展示は〝卵づくし〟名品ギャラリーは陶磁に考古に絵巻…
あーッ中国絵画は〝張大千※と溥《ふ》心《しん》畬《よ》〟なんかうさんくさくて
失礼な
気になってたんですよ金工の展示は〝刀を飾るⅡ〟刀ファンは必見やね
――というようにその日何が展示されているのかわかります
さらに展示作品リスト⊕をクリックすると――
展示リストが表示されます
展示作品リスト
指定 作品名
重文 金熨斗刻鞘
重文 牡丹造梅花皮
黒漆塗青貝散虫
黒漆塗鞘太刀拵
黒漆太刀拵（名物笹丸）
重文 革包太刀拵
黒漆革包太刀拵
金梨地菊紋蒔絵糸巻
牡丹金襴包鞘花唐草
黒漆塗鞘刀拵
将来的に作品名をクリックしたらデータベースの作品情報へ飛べるようにする予定です
あと京博のメールマガジンを登録したら京博の展示やイベント情報虎ブログや**深掘り！京博さんぽ**※更新のお知らせをします もちろん無料です
思わず太字
えー
ハーッでも私そういう登録ってすんなりできたためしないんですよー
半角がどーのこーのとか
あとメルマガってやたら送られてきてうざいのも多いし解除もなかなかできなかったり…
大丈夫ですよ

※500年に一度の画家とも称されるけど贋作者でもあったらしい

※連載は終了しましたが漫画は公開中です

京博のメルマガは月に1度ですし配信停止もメルアドを入力して送信するだけです
登録もメルアドと性別と生まれ年とお住まいの都道府県を入れるだけ
おおっ すんなり登録できた！
バックナンバーもウェブ上で見られますよ
ちなみに会員は現在6千人ほどです
それからサイト内の〝京博について〟の中の〝京博ものがたり〟は京博の歴史やまめちしき等がわかる読みものになってます
写真もいっぱいですね
わー昔の新館なつかしー
あ この〝建物概要〟は京博内をさんぽする時に便利そう
屋外展示も詳しく載ってる
京博では展示室を除くほぼすべての場所でフリーWi-Fiをご利用できるのでぜひ
これらのコンテンツはほとんど多言語※に対応しています
おおーさすがですねー
世界はホンマデジタル化してるもんなあ…私の仕事もデジタル化考えなアカンかな
うーん
それならパソコンは早く換えた方がいいですよ
そんなワケでデジタルの時代 京博も情報システム担当者が大ふんとう中なのであった
ちなみに(グ)が好きなコンテンツは〝学ぶ・楽しむ〟の中にある〝京博オリジナルぬりえ〟
プリントアウトして京博所蔵の名品のぬりえを楽しんだら文庫本カバーにもできてとってもオシャレです

※英語・中国語（簡体字・繁体字）・韓国語

事業推進係

イベント・施設利用やオリジナルグッズ企画

2022年の
12月夜の
明治古都館は
ふおお
きれい
プロジェクションマッピングの
光につつまれていた
明治古都館
つくった
片《かた》山《やま》東《とう》熊《くま》も
びっくりやね
これは
光の空間の中で京都ゆかりの
スイーツも楽しめるという――
「光と食のアンサンブル
～花宵の宴」という
イベント
スイーツの屋台↓
京博って
こんな企画も
考えるんやー
いえ企画は
京博では
ありません
京博の
広場を
お貸出し
したのです
あ 栗原
副館長
写真や映画や
ドラマの
撮影に
使えるとは
知ってたけど
イベントにも
使えるの
ですか?
事業推進係
三本松さん
そうなん
です
広場だけで
なく
様々な
施設を
お貸しして
います
同じく
近藤さん
沖田さん
事業推進
係は施設
利用に関する
対応や調整
もしています

もちろん博物館に興味を持ってもらうため京博もイベントを年に数回企画しています
講堂では
伝統芸能
落語
芸舞妓の舞踊
などのイベントを
芸舞妓さんの時は予約開始翌日には満席になりました
へえー
東の庭にあるお茶室〝堪庵《たんあん》〟では
一絃琴《いちげんきん》の演奏会や京博主催のお茶会も
トラりんのお茶菓子付♡
堪庵は個人の方にもお貸出ししています
一般の人も利用できるんだー
はい事前申込みでお茶会等に利用することができます
そうなんやでもお高いのでは？
えーっと平日の午前と午後がそれぞれ税込みで10450円土・日・祝の午前と午後がそれぞれ12540円ですね
2023年8月現在
おおっ思ったよりお手頃価格！

講堂も一般の方に貸出ししていて
定期的に演奏会をされている方もおられます
こちらもけっこうお手頃価格なのでグレゴリさんライブとかどうですか?
へぇ～いいですねぇ――って何の?
それから明治古都館は改修中ですが中央ホールはご利用いただけるので高級ブランドの商談会や
結婚式に使われています
おおっそれはゴージャス!
ゴージャスといえば明治古都館や京都タワーも見える平成知新館のグランドロビーで
立食パーティーなどいかがですか?
ホホホ
ふおおめっちゃおしゃれですねえ
実際パーティーに使われたことあるんですか?
もちろんパーティーに式典観劇などにも使われていたのですが…
コロナ後はめっきり…
そっか…ホンマ早く地球上からコロナ消えてほしいですね

とはいえ京博の施設けっこう利用できるんですねぇ
知らんかった
はい料金など詳細はウェブサイト一番下の〝施設利用申請〟をポチッとして下さい
主催者がキャンパスメンバーズ会員やミュージアムパートナーだとさらに割引料金で利用できます
というと？
キャンパスメンバーズは大学等の学校単位で入会していただくものです
その学校の学生証 教職員証の提示で名品ギャラリーの観覧料が無料になるほか特別展の観覧料が割引になる等の特典が受けられます
その学校の学生さんラッキーですねぇ
現在34校※入会していただいてます
そしてミュージアムパートナーは文化財保護や京博の諸活動に対してご支援いただくための制度
協賛金
ブロンズ（個人）10万円
シルバー（団体 個人）50万円
ゴールド（〃）100万円
プラチナ（〃）300万円
——に応じて様々な特典をご用意しています
へぇー
ハ〜私も
ホホホ
お役立て下さいまし
ぽんっと
プラチナ会員になれるような太っ腹な人になってみたいもんですわ
ちなみにプラチナ会員の特典は何ですか？
いろいろありますが——

※2023年1月現在

グランドロビーが無料で使用できますよ パーティーでは最大200人入れます
へぇー
200人かぁ
………
何のパーティーしていいやら思い浮かびません…
プラチナの器ではありません…
事業推進係はその他にもオリジナルグッズの企画制作もしています
そうなんですか
トラりんのグッズとかかわいいですよねー
トラりんスマホケース
TORARIN
裏面もかわいい!♡
ありがとりん
トラりんぽち袋
実は最近トラりんグッズの新作が出たんですよ
ト トラりん野帳《やちょう》!!
SKETCH BOOK
KYOTO NATIONAL MUSEUM
TORARIN
ばーーん
説明しよう! 野帳とは測量や発掘現場でも愛用されているコクヨから'59年に発売されたミニノート
ポケットに入るコンパクトさ 筆記しやすい硬い表紙——

その実用性とシンプルさから専門家だけでなく普段使いに用いる
"ヤチョラー"
と呼ばれる愛好者もいる人気ノートだ！
シールとか貼ってカスタマイズ♡
こちらはインド映画監督のヤシュ・チョープラー
その野帳に箔押しのトラりんのイラスト付♡
しかも385円！（税込み）きゃーー私もヤチョラーになるーー♡
かさばらないのでおみやげにも！
グッズの多くは"文化財保護基金グッズ"で売上の一部を文化財保護事業に充当させていただいています
買うことで文化財保護の応援になるのですね
はいそれから京都の伝統産業を用いたグッズも
さらに増やしていく予定です
胡粉ネイル古都
日本画用絵具の老舗がつくったネイル
明治古都館のレンガ色のイメージ
ふー
京都の応援にもなりますね
そんなワケで意外と利用できる京博の施設と
ぜひご利用下さいね
簡単にできる文化財保護の応援 これからもステキなグッズ楽しみにしています
ちなみにグのオススメグッズは「京都国立博物館 名品トランプ」です
"七並べしたら壮観！
わーお気分はプラチナ会員♡
一枚一枚に京博の名品が！
ジョーカーはなぜか考える人

グレりん
コラム
ミュージアムショップ
じっ
書籍も
たくさん
ついのぞいて
しまう
ワゴンセール

京博のミュージアムショップは2カ所。南門入口の左側（こちらは観覧券なしでも入れます）と平成知新館を入って右側。どちらも京都便利堂の直営店です。

京都便利堂は明治20年創業の美術印刷の老舗で絵ハガキの印刷の美しさにぜひ注目を。鳥獣人物戯画等の日本美術をあしらったオリジナルグッズも素敵です。もちろんトラりんグッズも各種揃っています。

ミュージアムショップってどうしてこうワクワクするんでしょうね。

【京都国立博物館オンラインショップ（便利堂運営）】https://www.kyohaku-shop.com/

写《しゃ》場《じょう》と写真技師

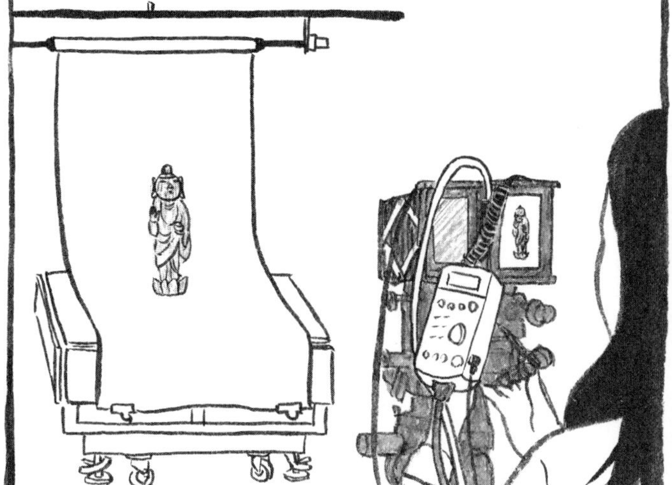

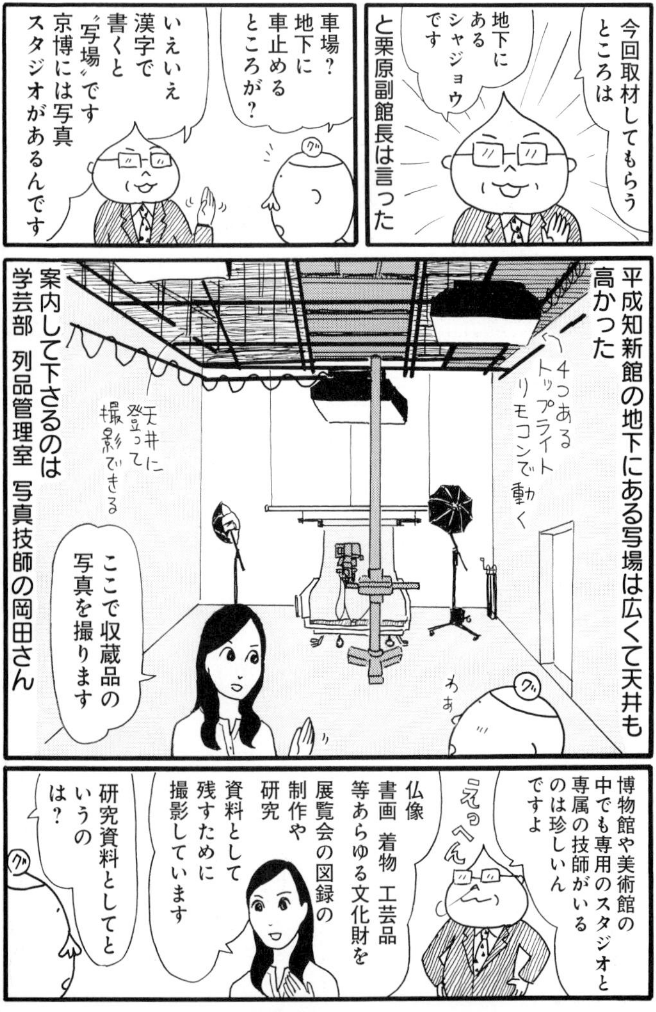

今回取材してもらうところは
地下にあるシャジョウです
と栗原副館長は言った
車場? 地下に車止めるところが?
いえいえ 漢字で書くと〝写場〟です 京博には写真スタジオがあるんです
平成知新館の地下にある写場は広くて天井も高かった
4つあるトップライト リモコンで動く
天井に登って撮影できる
わあ
ここで収蔵品の写真を撮ります
案内して下さるのは学芸部 列品管理室 写真技師の岡田さん
博物館や美術館の中でも専用のスタジオと専属の技師がいるのは珍しいんですよ
えっへん
仏像 書画 着物 工芸品等あらゆる文化財を展覧会の図録の制作や研究資料として残すために撮影しています
研究資料としてというのは?

たとえば仏像を撮る時 影でつぶれた部分があるとその箇所の情報が伝わりません
全体的に明るく写っていなくては
細部を観察したり他の仏像と比較する研究資料としての写真にはなりません
なるほどー
いわゆる〝アート写真〟ではないわけですね
どや影が印象的やろ
そうです 全体を明るく形状や立体感素材感がちゃんとわかるように撮ることをこころがけています
仏像の場合 正面 斜め前 側面 背面
そして お顔のアップ等を撮ります
へぇー
あれ？
なんだろうこの既視感
撮影で使う機材や光のあて方は作品ごとに調整します
なるほど
それにしてもすごいカメラ！デジタルですよね
この柱も
はい

すいません機械オンチなのですごいとしか言えませんがとりあえずカメラの写真を
どうぞ
あれ？
ありゃりゃヘンなところさわったみたいでワケわからなくなった
見ましょうか？
ちゃっ
ちゃっ
ちゃっ
はい
これで大丈夫
ふおお さすがプロ
かっこいい～
なんかデジカメいろんな機能がついてて使いこなせなくて…
確かにデジタルになったことで作業が増えてしまいましたね
えっ
そうなんですか？
カメラで撮ったあとまたパソコンで画像の処理をしなければならなくなりました
こちらがパソコンルームです
撮った写真の色の見え方を一定にするために室内灯も画像を扱う基準にあった照明を使っています
モニターも計測器を使って調整しており決められた環境で作業しています
正確さを保つのは大変ですねぇ

色の調整のために欠かせないのがこのカラーチャート
必ず作品の近くに置いて撮っておきます
24色ですね
あと撮影する時は作品に反射して色がジャマにならないよう白かグレーか黒の服を着ます
白
黒
たまに色柄のある服を着ていると
今日は撮影ないんだ
—って言われます
えへ
あの〜今日は実際に撮影しているところを見せていただきたいのですが
できたらこれを
それは？
ウチの母の持っていた帯をリメイクして作ったバッグなんです
鹿柄
なるほど
ではどんなイメージで撮りましょう？
キラー
商品見本というイメージ？立てて撮ります？寝かせて撮ります？
強調したい部分はありますか？
え
え
いきなりプロの顔になる岡田さん
高級品っぽいイメージで鹿柄を強調して立てて撮って とお願いすると
すいません立てて撮る場合ちょっと即席になります
ライトスタンドを利用してバッグを立てる
ちゃっ ちゃっ
ちゃっ
本体にボリュームを持たせたいので厚紙入れますね
ちゃっ
ちゃっ
ライト調整
ちゃっ
ちゃっ
ちゃっ
露出計
しゅばっ
ちゃっ
早い…
驚くべき手際のよさでセッティングそして——

うおおおッ
ぶ 文化財みたい…
鞄にマチがあることと鹿柄を光らせて目立つように撮影しました
今にも鹿が飛び出しそう
ライトスタンドは画像処理で消しました
図録では"鹿文様帯改作肩掛け鞄 グレゴリ青山作"って入れてもらっていいですか?
何の図録?
あぁこれは何といううれしさだろう
京博に収蔵されている数々の文化財
それらを描いたりつくったりした作者はもうこの世にはいないけど
京博で撮影された自分の作品を見たら
うおーーー
オレのつくった銅鐸が
ワシの彫った仏像が!
私の絵が
こんなすみずみまでくっきりと
めっちゃキレイに写ってるうれしい〜〜〜!!
きっと感激されるに違いない

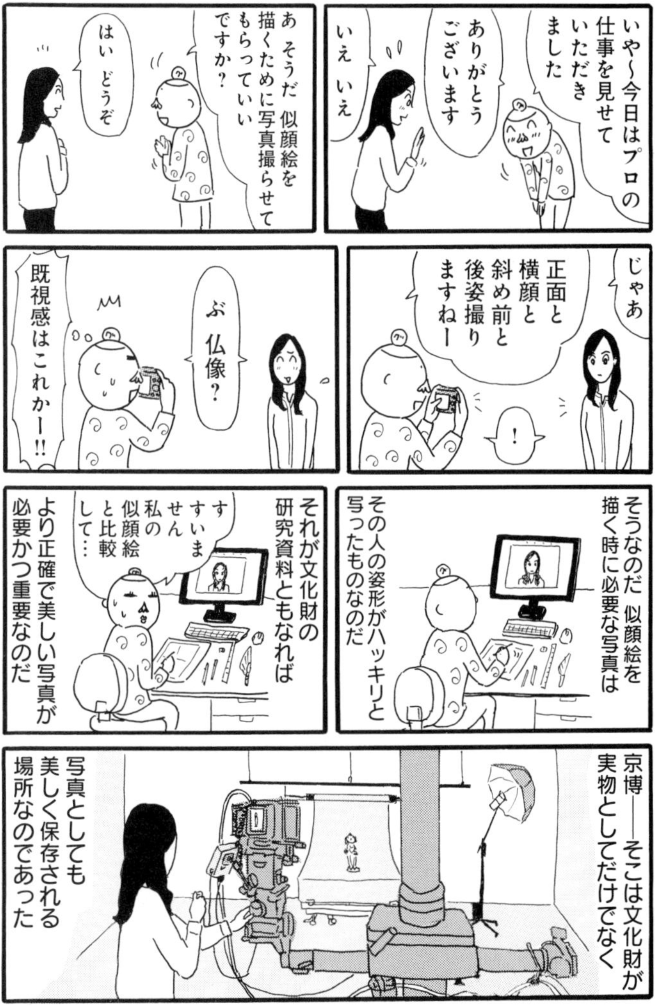
いや〜今日はプロの仕事を見せていただきました
ありがとうございます
いえ いえ
あ そうだ 似顔絵を描くために写真撮らせてもらっていいですか?
はい どうぞ
じゃあ 正面と横顔と斜め前と後姿撮りますねー
!
ぶ 仏像?
既視感はこれかー!!
そうなのだ 似顔絵を描く時に必要な写真は
その人の姿形がハッキリと写ったものなのだ
それが文化財の研究資料ともなれば
す すいません 私の似顔絵と比較して…
より正確で美しい写真が必要かつ重要なのだ
京博——そこは文化財が実物としてだけでなく
写真としても美しく保存される場所なのであった

題《だい》箋《せん》と多言語翻訳者

多くの博物館や美術館には展示作品の近くに
その作品のタイトル・作品情報と解説がついていますね
これ
この紙は〝題箋〟というそうで京博の題箋は4カ国語で記されています
日本語
英語
中国語
韓国語
京博の題箋は私たちが翻訳しています
学芸部 調査・国際連携室のリンネです
学芸部 企画室の韓国語担当 趙《チョ》です
中国語担当 王《オウ》です
英語担当 ボレン ガッセールです
よろしくー
みなさん日本語ペラペラ
今回は京博の多言語翻訳担当者の取材です
京博で題箋を4カ国語表記にするようになったのは2018年からです
インバウンド促進のために国から指示があり各国立博物館・美術館にそのための予算がついたのです
あ 栗原副館長
で でもコロナ禍《か》になってしまいましたね

そうなんです せっかく書いても読む人が少ないのはさみしいですね…
でもっ
たとえ読む人が少なくても多言語表記はどれだけ日本文化を知ってほしいかという博物館の姿勢を示すために重要なことだと思います
なるほどー
ところで読者のみなさんは題箋に記された外国語を読まれますか?
グは英語も中国語も韓国語も読めません
特にハングルはさっぱり…
だから日本語の部分を読むだけ…
—なのですが…
日本語で読んでも
(作品名からして…)
宝相華蒔絵宝珠箱
金銀鍍宝相華唐草文透彫華籠
白磁金彩鳥鈕蓋付馬上盃
「金琺瑯」(長い…)
(刀の解説って)
地鉄の鍛えは小板目がよく詰まり、地沸が細かにつき、刃文は匂が深く、小沸がよくつき、小乱れに丁子が
(何のこっちゃ?)
わからない
ということがよくあります
日本語の専門用語を理解するため英語も読む方がいらっしゃると聞いています
そうなんですか
たとえば〝蒔絵《まきえ》〟という言葉は英語にはないのでその説明を解説に入れます
難しい漢字の意味を英語で解説するのですね

“着物”や“茶の湯”など英語の辞書に載っている単語はそのまま使いますが載ってないものは説明します
あと英語は英語圏以外の人も読むのでなるべくやさしい英語で書くようにしています
なるほどそれで英語がわかる人には英語解説がわかりやすいのですね
それから日本では有名な歴史上の人物でも外国では知られてない場合が多いのでその人物の説明も入れます
えっワシのこと知らんの？
そうかいきなりイエヤスがどーのこーのと言われてもわかりませんもんね
私の場合こころがけているのは内容はくわしく言い方は丁寧に小6の子にもわかってもらえてそして――
ふむふむ
絶対作品情報をまちがえないことです!!
それですねー
数字や名前は絶対ね
うん うん うん
そんな題箋はどうやって作られるかというと
まず日本語のタイトルと解説そしてその作品の写真が送られてきます
あそうかその時点では実物は見られないのですね
そうなんです 作品によっては写真もないことがあって…
一度とあるお椀の解説でBowlと訳したところ――

複数!?
Bowls
これをつけてなかった
なんてことがありました
英語ならではですねー
ふう
そしてタイトルと解説を訳すのだけど―
花月台
衝重
お膳
懸盤…
なんで"台"だけでこんな種類が…
縄文から近代までの展示作品――自分の専門外の作品も訳さねばならないので
スタッフの机――
どっさり
カタ
常に辞書と専門書が山積みになってます
ちなみにスタッフはみんな研究者で専門は
仏教美術です
私も仏教美術です
中国の文献と哲学です
私は染織と工芸です
作品について深く理解しないと訳す時ミスしやすいんですよね
わかりやすく訳すっていうのがまた難しいです
どうしてもわからない時は
解説を書いた研究員さんに聞きます
みなさんホントに大変ですね
京博の研究員さん親切ですよ
カタ

いえ
くるっ
楽しいです！
勉強になって！
うふふ
あはは
そうかこういう人たちが研究者になるんや…
そして訳したものは研究員と題簽編集担当の職員に数回チェックされ
見やすくレイアウトされて〝題簽〟となる
そしてそれがプリントされ
展示ケースにおさめられる
その時はドキドキしますねー
作品の実物が見られてうれしいのもあるけど…
もっとこういうふうに訳せばよかったと反省したりあと一番恐いのが
うぎゃーッ作品情報書きまちがえてるーッ
というのを発見してしまうことです
その時はせっかく展示ケースに入れた題簽を取り出し作り直してまたケースに入れて…と大変手間をかけてしまいます…
ななるほどそれで…
あの…ところで…
うふふ
実はみなさんにお願いがありまして…

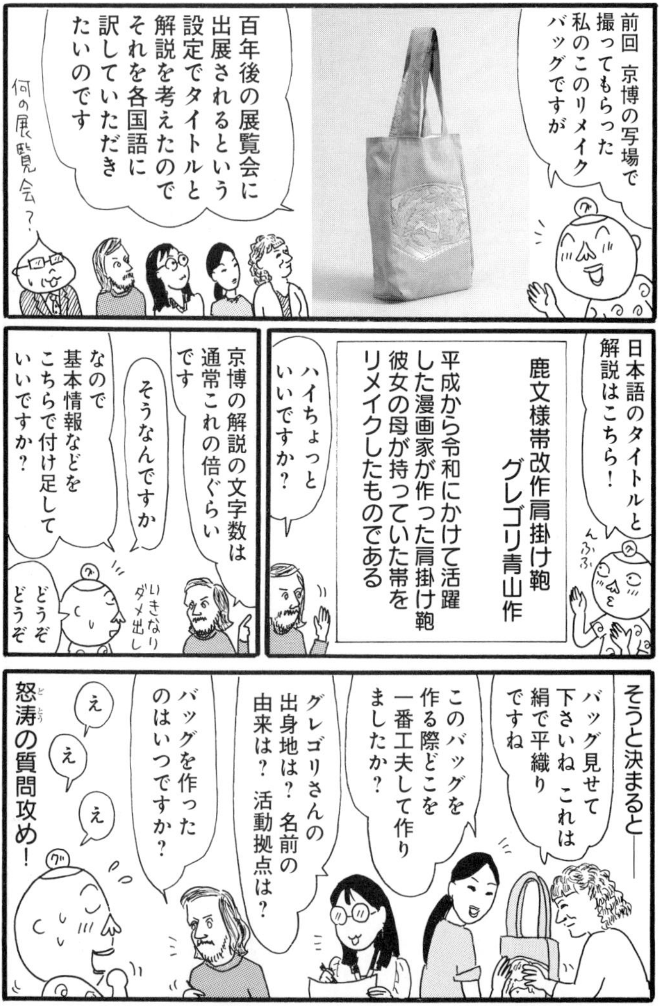

前回 京博の写場で撮ってもらった私のこのリメイクバッグですが
百年後の展覧会に出展されるという設定でタイトルと解説を考えたのでそれを各国語に訳していただきたいのです
何の展覧会?
日本語のタイトルと解説はこちら!
んふふ
鹿文様帯改作肩掛け鞄 グレゴリ青山作
平成から令和にかけて活躍した漫画家が作った肩掛け鞄 彼女の母が持っていた帯をリメイクしたものである
ハイちょっといいですか?
京博の解説の文字数は通常これの倍ぐらいです
いきなりダメ出し
そうなんですか
なので基本情報などをこちらで付け足していいですか?
どうぞどうぞ
そうと決まると——
バッグ見せて下さいね これは絹で平織りですね
このバッグを作る際どこを一番工夫して作りましたか?
グレゴリさんの出身地は? 名前の由来は? 活動拠点は?
バッグを作ったのはいつですか?
え
え
え
怒涛《どとう》の質問攻め!

しーん
カリ
カリ
カリ
カリ
カリ
カリ
カリ
カリ
すごい集中力…
できた！
私も
私も
1校目！
い1校目？
文章をもう一度推敲《すいこう》したいです
辞書でちゃんと確認したいです
私も
近いうちにお送りします
あありがとうございます～～～
この方たちの辞書には〝手抜き〟という言葉はないのだ！
2校目は翌々日に来た
しかもみんなの分をまとめて！
ちなみにこちらがリンネさんの1校目と2校目
1校目
2校目
ありがたや～❤
そして送られてきたのは2校目だけではなく——
え
こ…これは
なんと——

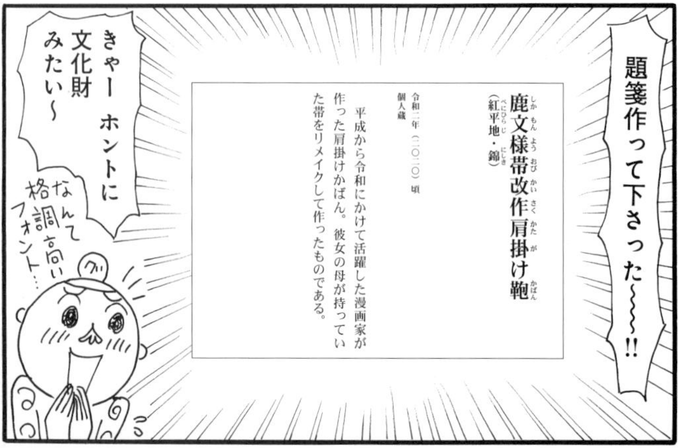
題箋作って下さった〜〜〜!!
鹿《しか》文《もん》様《よう》帯《おび》改《かい》作《さく》肩《かた》掛《が》け鞄《かばん》
（紅《べに》平《ひら》地《じ》・錦《にしき》）
令和二年（二〇二〇）頃
個人蔵
平成から令和にかけて活躍した漫画家が作った肩掛けかばん。彼女の母が持っていた帯をリメイクして作ったものである。
きゃー ホントに文化財みたい〜
なんて格調高いフォント…

こちらが3カ国語訳（英語はボレンガッセールさん訳）

Tote Bag Remade from an Obi (Kimono Sash) with Deer By Guregori Aoyama (b. 1966) Silk plain weave with areas of pattern weave Reiwa period, ca. 2020 Private collection	The Kyoto-based manga artist Guregori Aoyama made this tote bag by altering an obi that she inherited from her mother. Obi are long sashes, typically made of silk, which are used for tying kimono. Aoyama was active in the late twentieth and early twenty-first centuries and was known for her detailed studies of museum staff.
鹿纹单肩托特包 （和服腰带改造） 格里高利・青山改造 丝绸（红色平纹地、提花） 约令和 2 年（2020） 私人收藏	本品是日本漫画家格里高利・青山（1966-？）利用其母亲曾经穿用的和服腰带改造而成的单肩托特包，可谓是承载了其家族记忆的重要物品。青山以京都为据点，活跃于日本的平成至令和年间（20 世纪 90 年代至 21 世纪上半叶）。她所创作的以京都国立博物馆为主题的漫画开启了博物馆漫画的先河，至今仍为人津津乐道。
사슴 무늬 가방 (기모노 허리띠 리폼 작품) 그레고리 아오야마 리폼 제작 붉은 평직 비단 바탕·평직 무늬 비단 레이와 2 년(2020) 무렵 개인 소장	헤이세이시대(1989-2019)에서 레이와(2019-)에 걸쳐 활약한 교토 출신 만화가, 그레고리 아오야마(1966-?)가 만들었다. 그레고리 아오야마는 교토국립박물관을 주제로 여러 편의 만화를 그리기 시작하면서 박물관 만화라는 장르를 확립시켰다. 이 가방은 토트백처럼 보이나 손잡이를 넓고 길게 제작하여 어깨에 편하게 멜 수 있다. 어머니께 물려받은 기모노용 허리띠를 리폼하여 직접 만든 소중한 작품이다.

これを日本語に訳すとこんな感じになるそうです

鹿模様帯(着物用のサッシュ) **から改造された** **トートバッグ** グレゴリ青山作(1966年生まれ) 絹平織・錦 令和2年(2020)頃 個人蔵	京都の漫画家グレゴリ青山が、母親から譲り受けた帯をアレンジして作ったトートバッグ。帯とは、着物を結ぶための絹製のサッシュのことである。青山は20世紀後半から21世紀初頭にかけて活躍し、博物館の職員をモチーフにして詳細に分析した漫画で知られています。
鹿文様の単肩掛けの **トートバッグ** **(キモノの腰帯から改造)** 絹織物(紅平地、紋織) グレゴリ青山改造 令和2年(2020)頃 個人蔵	日本の漫画家グレゴリ青山(1966-?)が母親の使っていた帯を改造して作った単肩掛けのトートバッグである。彼女の家族の思い出を受け継いだ重要な品と言えよう。青山は、京都を拠点とし、日本の平成から令和年間にかけて(20世紀90年代〜21世紀前半)活躍していた。彼女の京都国立博物館をテーマとした作品は、博物館漫画というジャンルを確立させ、今でも人々の話題になっている。
鹿文様のカバン **—キモノ帯のリフォーム作品—** グレゴリ青山リフォーム制作 朱色の平織silk地・平織文様silk 令和2年(2020)頃 個人所蔵	平成時代(1989-2019)から令和(2019-)にかけて活躍した京都出身漫画家、グレゴリ青山(1966-?)が作った。グレゴリ青山は京都国立博物館をテーマにして数編の漫画を描きはじめ、「博物館漫画」というジャンルを確立させた。このカバンはトートバッグのように見えるが、取っ手を広く長く作ったため、肩に楽にかけることができる。母親から受け継いだキモノ用帯をリフォームして自ら作った大切な作品。

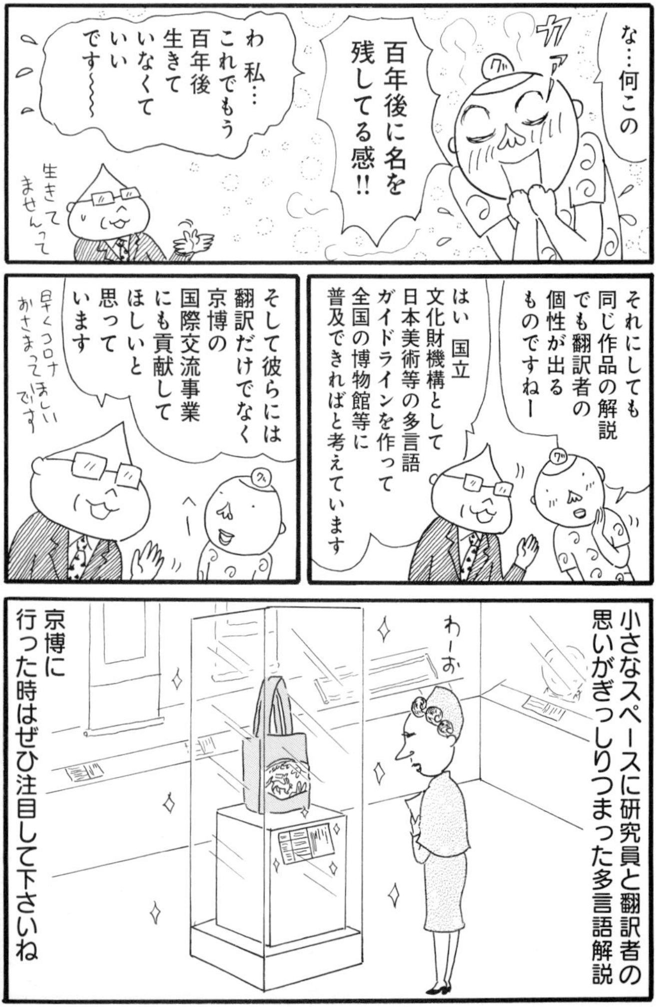
な…何この
カァ
百年後に名を残してる感!!
わ 私…これでもう百年後生きていなくていいです〜〜〜
生きてませんって
それにしても同じ作品の解説でも翻訳者の個性が出るものですねー
はい 国立文化財機構として日本美術等の多言語ガイドラインを作って全国の博物館等に普及できればと考えています
そして彼らには翻訳だけでなく京博の国際交流事業にも貢献してほしいと思っています
へー
早くコロナおさまってほしいです
小さなスペースに研究員と翻訳者の思いがぎっしりつまった多言語解説
わーお
京博に行った時はぜひ注目して下さいね

明治の職員と現代の研究員

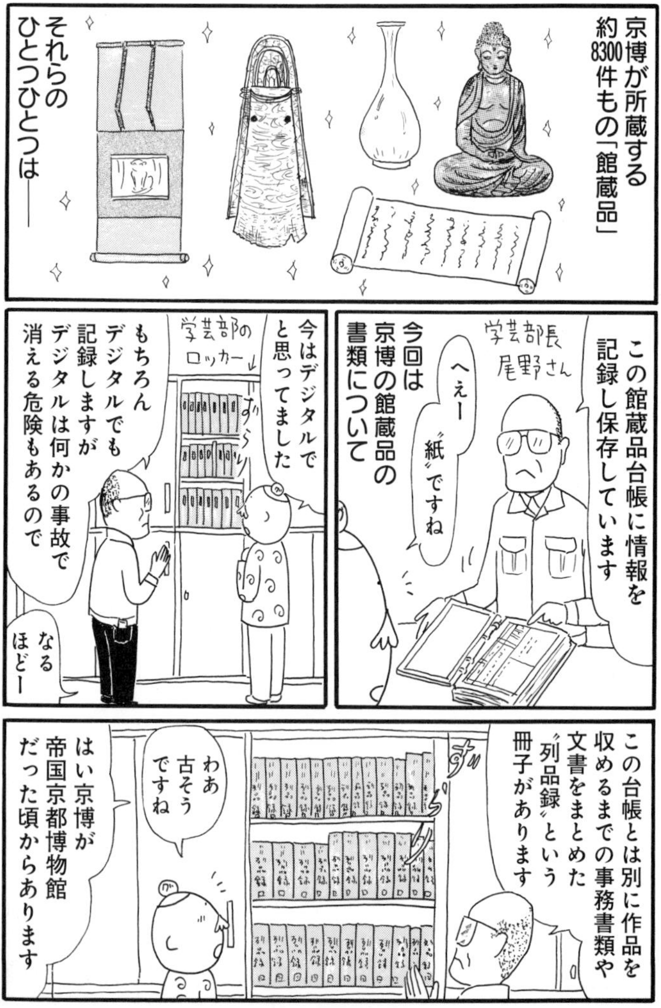
京博が所蔵する
約8300件もの「館蔵品」
それらのひとつひとつは――
この館蔵品台帳に情報を記録し保存しています
学芸部長 尾野さん
今回は京博の館蔵品の書類について
へぇー〝紙〟ですね
今はデジタルでと思ってました
学芸部のロッカー
ずらり
もちろんデジタルでも記録しますがデジタルは何かの事故で消える危険もあるので
なるほどー
この台帳とは別に作品を収めるまでの事務書類や文書をまとめた〝列品録〟という冊子があります
すっ
わあ古そうですね
はい京博が帝国京都博物館だった頃からあります

というと明治の頃から！
はい例えばこれは明治41～44年の列品録です
中を開けると…
ぱらり
ぱらり
列品録
明治四十一年
達筆すぎて読めない…
ハンコがいっぱい
ふ
筆書きですね
……
明治ですから
この列品録にはドイツの“マイセン”“ベルリン”といった産地の陶磁器を収蔵するまでの
事務書類や手紙などの文書がまとめてあります
えっ京博ってドイツの陶磁器も所蔵してるんですか
そうなんですそれが気になってこの列品録を調べるとおもしろいことがわかったのです
ふふふ
おもしろいこと…
この中の事務書類や手紙等の文書によると
とあるドイツ人から寄贈を受けていたことがわかります
手紙やハガキ等もはさまっている
へぇ～

彼の名はフリッツ・ホッホベルク伯爵（1868～1921）
明治41年（1908）に日本に旅行しとりわけ京都が気に入ったという
それは伯爵がドイツの工芸品の寄贈先を東京ではなく京都の博物館に選んだことからもわかりますね
列品録からは3回に渡って寄贈されていることがわかります
へ～ 3回も！
そうなんですここに最初に寄贈された時の伯爵へのお礼の英語の下書きがあるんですけど――
そこには――
すばらしい陶磁器をありがとうでもそのいくつかは輸送途中で壊れてしまっていました……
――という記述が……
んなこと正直に書かんでもいいのに……
と思っていたら
あ それに対する伯爵の手紙がある
そこには――
では改めてお送りいたしましょう
――と書かれてあって実際また寄贈されたのです
おお～ 伯爵太っ腹ですねー！

さらに伯爵からの3通目の手紙には
あなた方が私の著書を欲しがっていたと聞いたのでお送りします
さりげなくおねだりしてたのか
そして実際伯爵は著書と共にさらにガラス工芸品を送って下さったのです
えーッ ホッホベルク伯爵めっちゃいい人!!
いや〜 収蔵品を少しでも増やしたい時代のこととはいえ何ておねだり上手なんだ明治の先輩……
じゃあその本きっと館内に残っているはず…
——と書庫に行って
「An Eastern Voyage」ていうタイトルなんやけど…
司書さんに探してもらうと
おお〜 2巻あった!
伯爵の直筆献呈文入りだ!
AN EASTERN VOYAGE
博物館の蔵書印
あ 袋とじ本! この時代の欧州の本はこの部分切りながら読んでいくんだよな
ん?
んんん? ——ってことは明治の先輩——

おねだりしたのに……
読んでない……？
ぶっ
ひっ　ひどいッ
――ってわろたらアカンけど
ねっ　それはないやろって思いますよねー
じゃあ今からでも切って読まれたらどうですか？
いやもうこれはすでに貴重な図書資料なのでもはや傷付けるワケにはいきません
ハァ～それにしても事務書類や文書をまとめておくとその由来がわかっておもしろいですね
実はこの列品録を作ることを指示したのは森鷗外らしいんですよ
え森鷗外って作家の？
あ　栗原副館長
にゅっ
そうなんです鷗外は大正6年に帝室博物館総長に任じられるんです
亡くなる大正11年まで東京帝室博物館に勤めておられました
鷗外が総長になってからそれまでバラバラに保存されていた寄贈品の事務書類や文書を
このように〝列品録〟としてまとめるようになったのです

この伯爵寄贈品の列品録も明治41～44年の書類を大正8年にまとめたものです
へーこんなふうにまとめられたから京博と伯爵との交流が記録として残ったワケですね
やっぱり鷗外は小説家だけあって
こうして文書がまとまることで〝物語〟が保存されるのだ
と考えたのかもしれない
この列品録には物語がいっぱいつまっているんですね
はい 研究と展示のための貴重な資料であり宝です
実際平成20年の特別展覧会「憧れのヨーロッパ陶磁」をする際
この列品録を調査し伯爵との交流を展示に活かすことができました
へぇー
憧れの ヨーロッパ陶磁
先人たちが残した資料をいかに活用するかも私たち研究員の腕の見せどころです
なるほどー
キラーン
モノを収蔵するまでの記録が時を経て 調査され 新たな研究や展覧会が生まれる…
博物館ならではの世界だなあと思った今回の取材でした
マイセンの熊の陶磁器
かわいい♡

グレりんコラム
京博オリジナル和蝋燭
京博のマーク
濃茶麻地菊棕櫚文様帷子
トラりん
鶴下絵三十六歌仙和歌巻
源氏物語図帖 若紫

京博と京都伝統産業のコラボ。京博の収蔵品等にちなんだ絵柄を、なんと職人さんがひとつひとつ絵付けした和蝋燭。

和蝋燭はすべて植物性の原料でできていて油煙が少なく室内で使用しても壁などが汚れにくいそうです（とはいえ、こんな素敵な蝋燭、使うのはもったいないですが）。

お盆の日などは、仏壇にお飾りしようと思います。数あるオリジナルグッズの中でも環境にやさしいシブい逸品です。

第3章

深掘り！
文化財を守る人々

文化財の保存と修理所とは?

京博では明治の開館以来文化財の修理が行われてきた
イメージです
はじめは土蔵の中で
昔は収蔵品も土蔵にしまっていたそうです
のちに新館地下の一室や旧収蔵庫の一部などで
平成知新館の前の建物
P48で紹介した技術資料参考館
そして昭和54年('79)修理専用の建物が新築されました
けっこう大きな建物ですね
地上3階地下1階です
今回は非公開の文化財保存修理所に入ります！
明治古都館の東側にあります

さて文化財の修理といえば
仏像を修理していたら
像内から文書や仏像が発見されたとか
スペインでキリストのフレスコ画を〝修復〟したらえらいことに…とか
たまにこんなニュースで知る程度なのですが
ここではどんな修理がなされているのでしょう
日本では現状維持修理が基本です
というと？
学芸部 保存修理指導室長 大原嘉豊さん
修理技術で新品のように仕上げて
わあどこを修理したかわからない～
という修理ではなく
オリジナルな情報を残し修理した部分は見分けがつくように記録を残します
数百年後再び修理できるようにです
へー
でもそれって逆に新品みたいに仕上げるより手間がかかりそう
はい 現状維持のためには その時代の歴史 美術史 また素材についての科学的知識も必要です

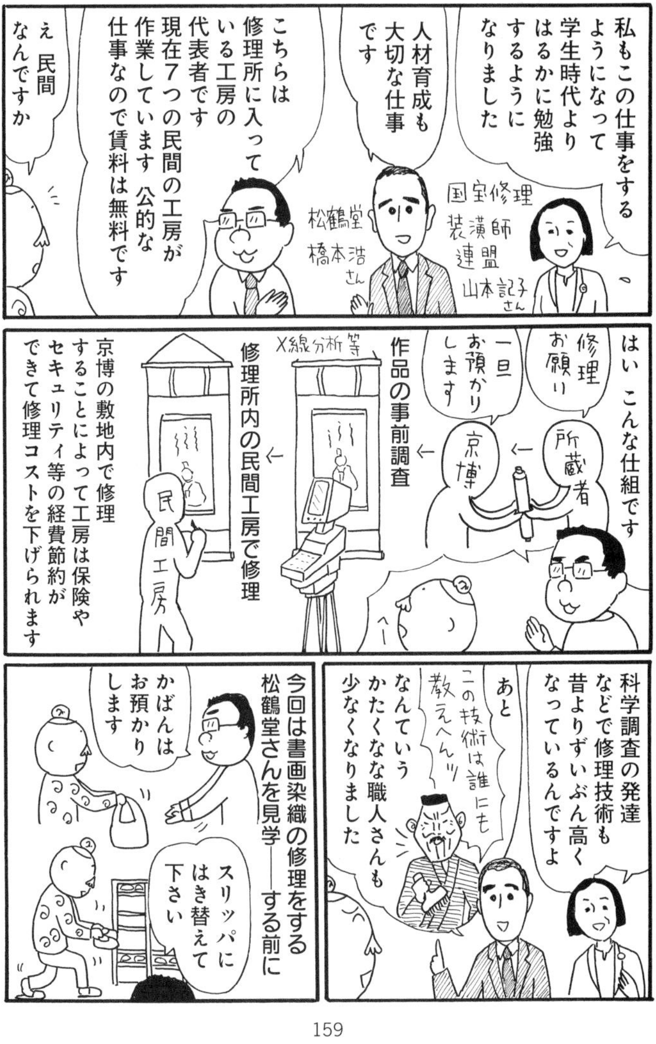

私もこの仕事をするようになって学生時代よりはるかに勉強するようになりました
国宝修理装潢師連盟 山本記子さん
人材育成も大切な仕事です
松鶴堂 橋本浩さん
こちらは修理所に入っている工房の代表者です 現在7つの民間の工房が作業しています 公的な仕事なので賃料は無料です
え 民間なんですか
はい こんな仕組です
修理お願い
一旦お預かりします
所蔵者
京博
作品の事前調査
X線分析等
修理所内の民間工房で修理
民間工房
京博の敷地内で修理することによって工房は保険やセキュリティ等の経費節約ができて修理コストを下げられます
科学調査の発達などで修理技術も昔よりずいぶん高くなっているんですよ
あと
この技術は誰にも教えへんッ
なんていうかたくなな職人さんも少なくなりました
今回は書画染織の修理をする松鶴堂さんを見学——する前に
かばんはお預かりします
スリッパにはき替えて下さい

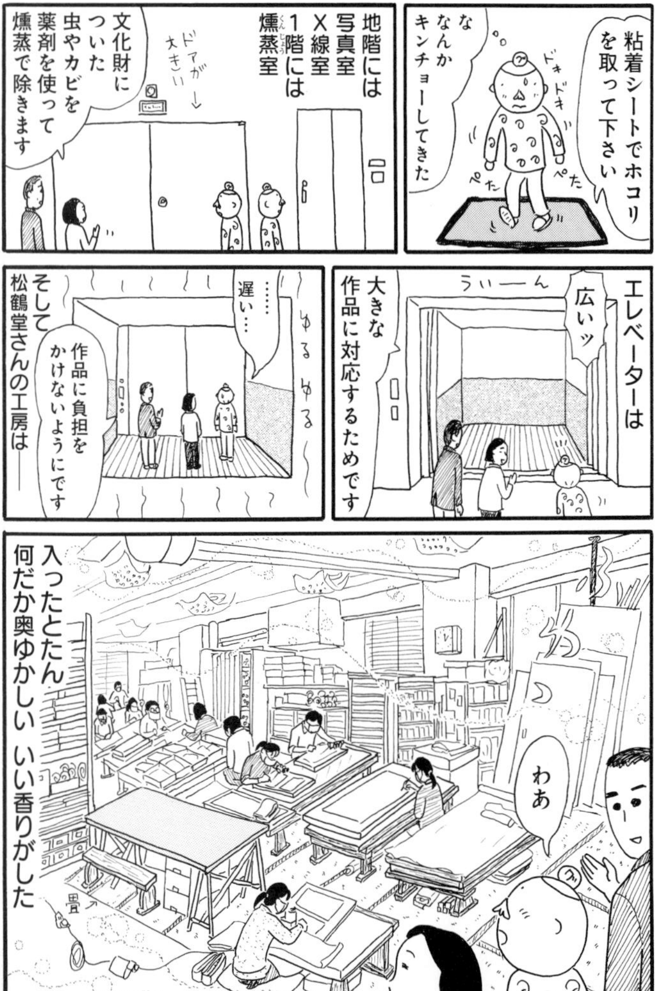

粘着シートでホコリを取って下さい
ドキドキ
ぺた ぺた
ななんかキンチョーしてきた
地階には写真室X線室1階には燻蒸《くんじょう》室
ドアが大きい↓
文化財についた虫やカビを薬剤を使って燻蒸で除きます
エレベーターは
広いッ
うぃーん
大きな作品に対応するためです
……遅い…
ゆるゆる
作品に負担をかけないようにです
そして松鶴堂さんの工房は――
入ったとたん何だか奥ゆかしい いい香りがした
わあ
畳→

音楽もなく無音で黙々と作業されている技術者の方は
若い人が多かった
男女半々ぐらい
若い人の方が目がよくて集中力が続きますからね～
僕も老眼で大変で
技師長の袴田尚志さん
ハッ そ それはそうですよね
私も身にしみてわかります～
あと作業中お化粧
ファンデや口紅等が作品についたら大変
指輪や腕時計
ビリッ
作品を傷つけるおそれ
ポマード等の整髪料
油分のついた手で作品をさわると跡がつく
――などは禁止です
ボリボリ
そ そうですよね
思わず腕時計隠す
ホントはマスクしてます 他のみなさんも
ホコリやゴミも大敵なので そうじはおこたりません
天井のエアコンの吹き出し口に何かつけてありますね
ふわふわ
作品に直接風が当たらないよう工夫しています
白い紙に穴が開いてる
へぇー

とにかく細心の注意が必要なんですね
特に書画は紙や絹といった脆弱《ぜいじゃく》な素材を使っているので傷みやすいのです
ドキドキ
貴重な文化財ですから絶対に失敗できないので常に緊張して作業しています
そ そう ですか
ドキドキ
そうなのだ——
日本の今に残る文化財は
代々こうした修理をする人々の細心の注意と集中力によって守られてきたんだ…
そう思うと——
私にはムリ!!
やたら出番が多い修正液
5分と続かない集中力!!
あ
また ハミ出た
だら だら
修正液

技術者の方々に敬意を覚えずにはいられません

ハア~もうめっちゃキンチョーした~
ハイハイ まだ工房見てもらいますよ~
文化財保存修理所編まだ続きます!
ドキドキ

緊張！
古文書・絵画の修理
〈前編〉

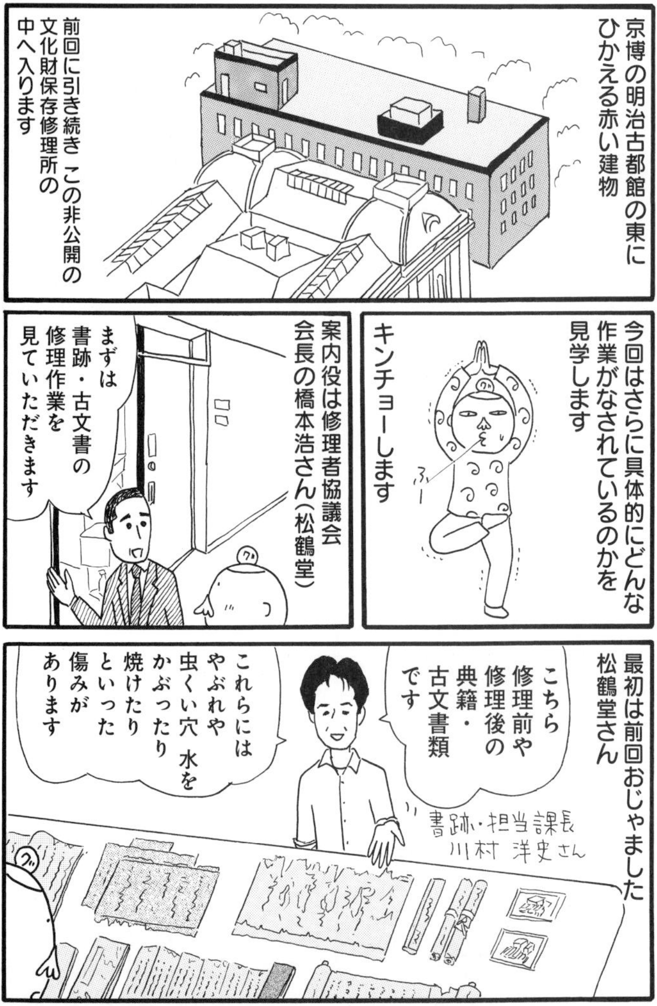

京博の明治古都館の東に
ひかえる赤い建物
前回に引き続き この非公開の
文化財保存修理所の
中へ入ります
今回はさらに具体的にどんな
作業がなされているのかを
見学します
キンチョーします
案内役は修理者協議会
会長の橋本浩さん（松鶴堂）
まずは
書跡・古文書の
修理作業を
見ていただきます
最初は前回おじゃました
松鶴堂さん
こちら
修理前や
修理後の
典籍・
古文書類
です
これらには
やぶれや
虫くい穴 水を
かぶったり
焼けたり
といった
傷みが
あります
書跡・担当課長
川村 洋史さん

修理する際どんな紙を使っているか調査します
原料や繊維の流れ 密度 厚さ 色
ものによってはオリジナルに近い紙を作ります
へえ〜
ライト
え
作る？
紙を？
はい
地下に紙漉《す》き場があります
そ そこからですか⁉
紙の修理をするには紙漉きの技術も必要なのだ
そしてその補修紙を使って破損した部分を補ったり
虫穴に埋めこんだりします
最近ではデジタル画像を利用して虫穴部分のみ紙を漉く技術もあります
ほえー
透明のシートに虫穴の形の紙が貼りついている
虫穴部分を埋める作業がこちらです

裏面から虫穴のまわりに糊《のり》を塗って
補修紙を貼ります
貼ったあとの補修紙のまわりをもとの紙になじませるよう
メスで薄く削ります
シャッ
シャッ
シャッ
こうしてひとつひとつ虫穴を埋めていきます
気い遠くなりました
あの…
こういう細かい仕事をしていて——
ギャーッ
手ぇすべってしもたーッ
——なんてことはないんですか?
それはないです みんなトレーニングをつんだ者ばかりですから
私やったらやりそう

ト…トレーニング…
補修紙削り千本!!
指立てふせ千本!!
修理技術者養成ギプス!!
妄想ですすいません
ここにいる方たちの高い技術 集中力と根気
そして——
修理した部分は見分けがつくようにするんですね
はい見分けがつきつつもオリジナルと調和するように修理します
そのためにはオリジナルの紙をよく調査し情報を見極めることが大切で
当時の漉き方や加工技術を復元するといったことも行います
へーすごーい
このあくなき探究心
文化財はこういった方々によって守られてるんや…
もくもく
と改めて思った松鶴堂さんの工房であった
そして次に見学させていただいたのは——
こちらの工房は修美さん
わー
ここも畳だ
襖や屛風といった紙に描かれた障壁画の修理について説明してもらいます

襖や屏風は部屋の仕切りで使用されるので
主任技師（絵画）橋本悠さん
ぶつかったり
わー
ザザ
ドカ
虫損や
温湿度の影響も受けやすく箱に収納される掛軸と比べて傷みやすいんです
じめじめ〜
なるほど
今 修理中の屏風は何かがぶつかったような傷や
角にやぶれがあります
こちらの襖絵には
黒いカビがついてしまってます
ホントだ
このカビはクリーニングしても とれないんですよ
クリーニング？
こんな作業です
吸水紙の上に本紙を置いて
表面から濾過《ろか》水を噴霧します
しばらく置くと
吸水紙が経年の汚れを吸水します
そ〜っと
そ〜っと
この絵の吸水紙がこちらです
へえ〜こうして汚れをとるのですね
うす茶色のもやもや

※補筆・補彩がされていても その部分の損傷が激しかったり鑑賞上どうしても違和感がある場合には除去する方針をとることもある

そう思うと修理をする仕事というのは昔やった仕事が
へぇーこういうやり方で直してるのね
現在の技術者さんに伝えられ
また現在の技術者さんの仕事も
丁寧な仕事だわ…
ここのカビ当時の技術じゃ取れなかったのね
未来の技術者さんに伝えられるのだ
こういう過去と未来と交流できる関係を何と呼ぶのだろう？
時空を超えた交流ができる不思議な仕事
そのおかげで現代の私たちが過去の作品と出会うことができ また未来の人にもその〝美〟を伝えることができるのだ…
——と思った修美さんの工房でした
そんなワケで次の工房はこちらです
ふーまたキンチョーするー
次回も工房見学続きます

緊張!
古文書・絵画の修理
〈後編〉

文化財保存修理所の工房めぐり次なる見学は
こちらは岡《おか》墨《ぼっ》光《こう》堂《どう》さん
絹に描かれた絵（絹《けん》本《ぽん》絵画）の修理を見ていただきます
こちらが現在修理中の絵巻物とその損傷地図です
絹地に描かれた絵は紙とはまた違った劣化をするんですよ
傷んでるところ多いですね
岡墨光堂 代表取締役 岡岩太郎さん
掛軸や巻子《かんす》（巻物）など表具は絵の裏面に3層から4層の裏打紙で補強してあるのですが
中裏紙
増裏紙
肌裏紙
絵（本紙）
総裏紙
修理をする際この裏打紙を取り除いていきます
えっはがれるんですか？
はい 表具は定期的な修理を前提に製作されているんです

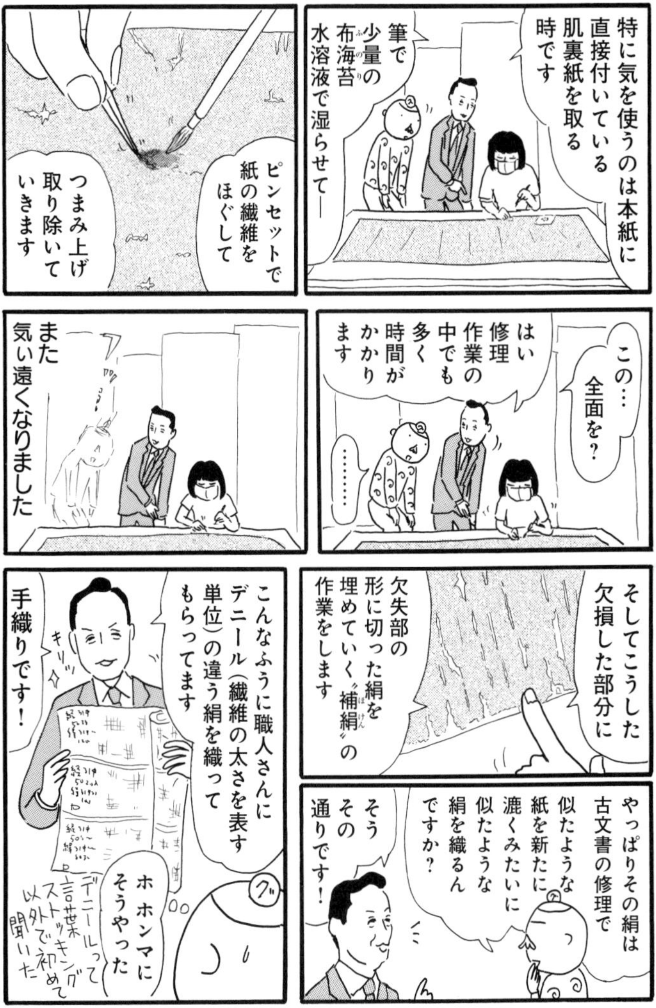
特に気を使うのは本紙に直接付いている肌裏紙を取る時です
筆で少量の布海苔《ふのり》水溶液で湿らせてー
ピンセットで紙の繊維をほぐして
つまみ上げ取り除いていきます
この…全面を？
はい修理作業の中でも多く時間がかかります
………
また気い遠くなりました
そしてこうした欠損した部分に
欠失部の形に切った絹を埋めていく〝補絹《ほけん》〟の作業をします
やっぱりその絹は古文書の修理で似たような紙を新たに漉くみたいに似たような絹を織るんですか？
そうその通りです！
こんなふうに職人さんにデニール（繊維の太さを表す単位）の違う絹を織ってもらってます
手織りです！
キリッ
ホ ホンマにそうやった
デニールって言葉ストッキング以外で初めて聞いた

そして本紙の絹の組織と同じか近いものを使うのですが
本紙(古い絹)
新しい絹
新しい絹を古い絹の欠失箇所に埋めると強度が異なり損傷の要因になることがあります
なるほど
なので電子線をあてて人工的に劣化させてから使います
で…電子線!?
はい 日本原子力研究開発機構というところでやってもらっています
な なんか職人の世界からえらいとこに飛びますね
そして補絹を行った箇所が目立たなくなるように色を塗る作業〝補彩〟を行います
その色は本紙鑑賞の妨げとならないような本紙より静かにさがって見える色にします
静かに…さがって…
なんか深い…
もちろんオリジナルを尊重して図像や文字などを描いたりというような恣意《しい》的な補筆はしません

オリジナルの部分をいかに延命させるか
修理ではそれが大切なんです
延命
……!
とにかく集中力のいる細かい作業
最新科学も駆使!
古文書修理に使うメス
X線分析
電子線イメージ(安易)
顕微鏡
手術!!
この修理所に入ってる工房は文化財の手術室なんだ…!!
と思った岡墨光堂さんの工房でした
せやからこんなキンチョーするんや―
グ
そして次に行った工房は
光影堂さんです
ここでは修理に用いられる道具や原材料を見ていただきます
光影堂代表取締役大菅直さん
グ
わあ

書画の修理には実に様々な伝統的な材料が使われます
裏打紙に使われる様々な和紙
みんな一枚一枚手作り
屏風の裏面に貼る唐紙
表装に使われる裂
これも手織り
その他
軸木金具紐等々
そして使われる道具もまた伝統的で職人さんによって作られます
普通のお店じゃ売ってないようなモノばかりですね
はい裏打紙につける小麦澱《でん》粉《ぷん》糊《のり》などは各工房で手作りしています
年に一度 冬には〝寒《かん》糊《のり》炊《だ》き〟があるんです
ウチは1月に
うちも
へー
寒糊炊きで作った糊は寝かせておきます
裏打紙によって新しい糊と古い糊を使い分けています
肌裏紙は本紙をしっかりささえるため新しい糊を
そのあとに重ねる裏打紙は——

およそ10年寝かせて接着力の弱まった糊を使います
ゆるやかに接着させることによって掛軸のスムーズな巻き解きを可能にします
ム〜ン
独特のにおいがするそう
そして昔ながら使われているこの糊を使うことで
後年はがして修理することができるのです
たん
たん
たん
修理できることを前提に作られているってことですね
伝統技術は現代の我々から見ても理にかなっていて驚くことが多いです
時代を超えて欠かせない道具や材料を作れる担い手の継承が大きな課題です
修理技術者に材料や道具を作る職人さん……
そんなことを思った光影堂さんの工房でした
文化財ホンマにいろんな人に支えられてるんや…
それにしてもこの工房めぐり
うむ この補彩の色… 静かにさがっておるのう
絵画を見る目が変わってきそうです

彫刻の修理

仏像の手術

さて今回はまた
京博 文化財保存修理所に
やってまいりました
この建物
大きな出入口があります
何のためにあるかというと——
大きな仏像などを搬入するため
これは搬入の時の画像です
損傷を防ぐために丁寧に梱包
担架や作業台などは仏像に合わせて手作り
ひゃー 大ごとですね
今回の案内人は公益財団法人
美術院 工房長の片山毅さん
仏像をはじめ木造彫刻の修理をする美術院は明治31年岡倉天心によって創立されたそうだ
そ そんな古くから
岡倉天心のレリーフ
明治・大正の美術運動の指導者
板に墨書き
こちらは明治40年の修理技術者の心得です
そんな歴史ある美術院の工房は——
こちらです
美術院の作業服
うわあ…

高い天井にはクレーン
あのバルコニーみたいなところがスライドして動きます
修理中の台座
で…でかい
仏像だけでなく仏像を安置する台座も修理します
バラバラになった
あ…足
でかい
マット
修理中の仏像
手…
棚
スポンジクッション
しかもこれらみんな国宝とか重要文化財
ふおおおお～
オーラがすごい
ぬお
地震対策のため固定
うわ～非日常世界に入国した～
バクバク
なんかもうめっちゃ緊張する

仏像や神像は木部や表面層が劣化していきます
金属部分のサビ
表面の金箔 うるし 顔料等 の剥落
鳥のフン などの汚れ
虫食い跡
シバンムシ ヒラタ キクイムシ等
乾燥による干割れ
ネズミの かじった あと
特に虫は像の中で幼虫が育っている場合があります
その場合はガスや薬剤を使って燻蒸し殺虫します
この建物に大きな燻蒸室がありますね
そして像の内部構造や状態を確認するためX線透過写真を撮ることもあります
これは今 修理中の仏像のX線写真ですが――
肩のところにたくさん釘が打ちこまれていることがわかります
わわわ 痛そう…
過去に修理された時のものだと思われます
こちらがその腕をはずした時の写真です
釘の本数が多すぎて木部が割損《かっそん》してしかも鉄釘なのでさびてしまってます

こちらが取り出した鉄釘です
うわーホントにサビサビ…
絵画の修理室でも文化財の手術室みたいと思ったけど——
そしてこちらが取りはずした腕
ずいっ
な生々しいですね
仏像の修理はより外科手術感があるのだった
これを手術——いや修理となると相当な技術が必要ですね
そうですね大事なのは経験を重ねることですこちらはウチの新入社員ですがまず入所すると——
はいこのように仏手を模刻したり彫刻はじめ木工漆工様々な技法を学ばせてもらってます
うるし
彫刻した板
今仏手の模刻をするため図面をおこしています
アナログですねえ
はいアナログですることに意味があります
目で見て感じ取り手作業で模刻することが大切です
デジタルや3Dでは読み取れないものがありますので

修理する作品の構造や
その意味 そしてその作者が
作品に込めた想い
それを
読み取ることは当時と同じ
手作業の経験を重ねる
ことでしかできないのです
話の深さに
ふと気が遠くなる
フ
ッ
そうなのだ 絵画修理の時もそう
思ったけど数百年も前の作品が
今日まで残るのは
それぞれの時代の
人々がこうして作品と対話して
修理を重ねてきたからなのだ

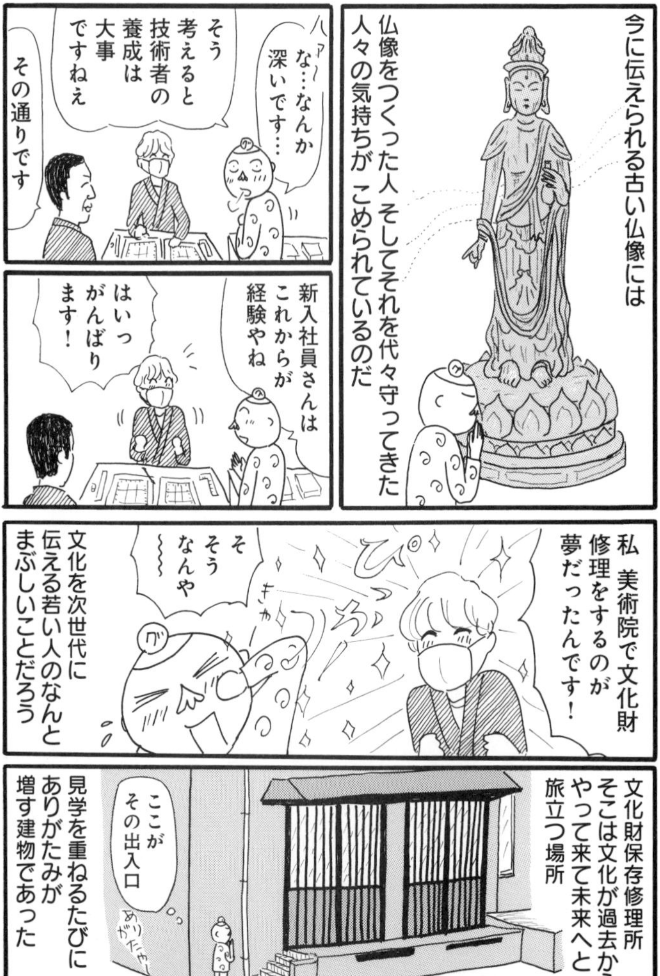
今に伝えられる古い仏像には
仏像をつくった人 そしてそれを代々守ってきた人々の気持ちが こめられているのだ
ハァ〜
な…なんか深いです…
そう考えると技術者の養成は大事ですねぇ
その通りです
新入社員さんはこれからが経験やね
はいっ がんばります！
私 美術院で文化財修理をするのが夢だったんです！
そ そう なんや〜〜
文化を次世代に伝える若い人のなんとまぶしいことだろう
文化財保存修理所 そこは文化が過去からやって来て未来へと旅立つ場所
ここが その出入口
ありがたや〜
見学を重ねるたびにありがたみが増す建物であった

復元模写

当時の絵師に導かれて

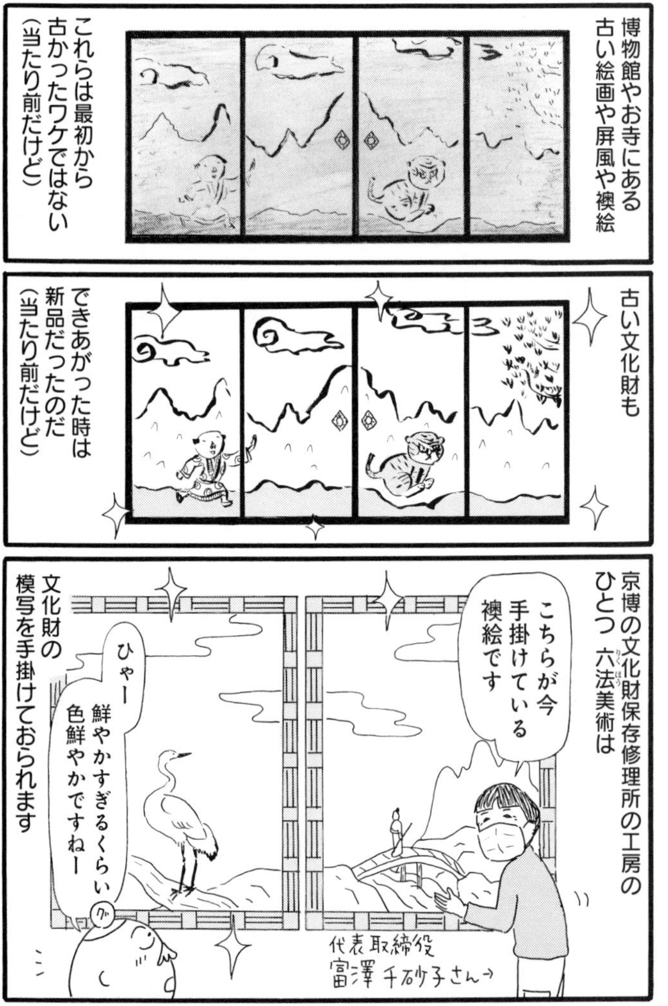
博物館やお寺にある
古い絵画や屏風や襖絵
これらは最初から
古かったワケではない
（当たり前だけど）
古い文化財も
できあがった時は
新品だったのだ
（当たり前だけど）
京博の文化財保存修理所の工房の
ひとつ 六法《りくほう》美術は
こちらが今
手掛けている
襖絵です
代表取締役
富澤 千砂子さん→
ひゃー
鮮やかすぎるくらい
色鮮やかですね〜
グッ
文化財の
模写を手掛けておられます

〝模写〟といっても単に原本の図柄や色彩を写すだけのものではない
〝復元模写〟といって原本と同じ材料を使って当時と同じ技術でできるだけ忠実に再現します
――っていうことは昔 作られた文化財の新品を出現させるってことですか？
そうなんです こちらがこの襖の原本なのですが――
え？ 原本 えらいくすんでますね フチの方とか柄が消えてる…
ホントは こんな色鮮やかだったのですか？
そうなんです
科学調査で残っている顔料の成分を調べると元は何色だったのかがわかります
そ そんなことがわかるんですか！
はい 日本画の顔料はすべて自然のもので 今も同じものが 使われているんですよ
へぇ～

ただ 今では貴重な 宝石のような 天然の鉱物を 砕いて作るので この色のものは ○g○円もするのですよ
ほ 宝石的な値段ですね
それにしても修理の時も復元の時も科学調査が重要なんですねえ
そうです ちなみにこの原本は修理にも出されていて 今上の階の工房で修理中です
原本が上にあるのは何かと便利です
にかっ
そう それが同じ建物に工房が集まる保存修理所の利点です！
わっ栗原副館長いてたんですか
科学調査の他に当時の文献で原材料をつきとめることもあります
これは絵の表面に〝密陀油《みつだゆ》〟という油が塗られていた作品ですがその油のレシピが江戸時代の文献にありました
エゴマ油に密陀僧（一酸化鉛）や樟脳《しょうのう》 とうがらし等をまぜて煮るのですが当時はガスも電気もないので私たちも炭で煮ました
ええッ そんなところまで 当時の技術のままに？
もちろん！ だってお米も電気炊飯器と火で釜炊きするのとでは味が違うでしょう
めちゃくちゃわかりやすくて 説得力のあるたとえですね

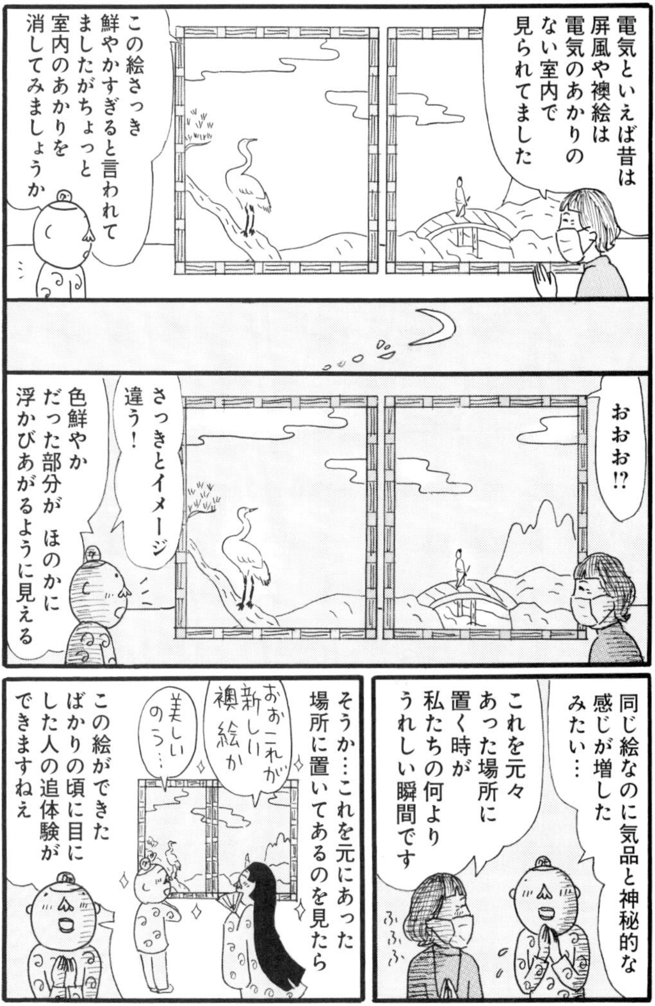
電気といえば昔は屏風や襖絵は電気のあかりのない室内で見られてました
この絵さっき鮮やかすぎると言われてましたがちょっと室内のあかりを消してみましょうか
おおお!?
さっきとイメージ違う!
色鮮やかだった部分が ほのかに浮かびあがるように見える
同じ絵なのに気品と神秘的な感じが増したみたい…
これを元々あった場所に置く時が私たちの何よりうれしい瞬間です
ふふふ
そうか…これを元にあった場所に置いてあるのを見たら
おおこれが新しい襖絵か
美しいのう…
この絵ができたばかりの頃に目にした人の追体験ができますねえ

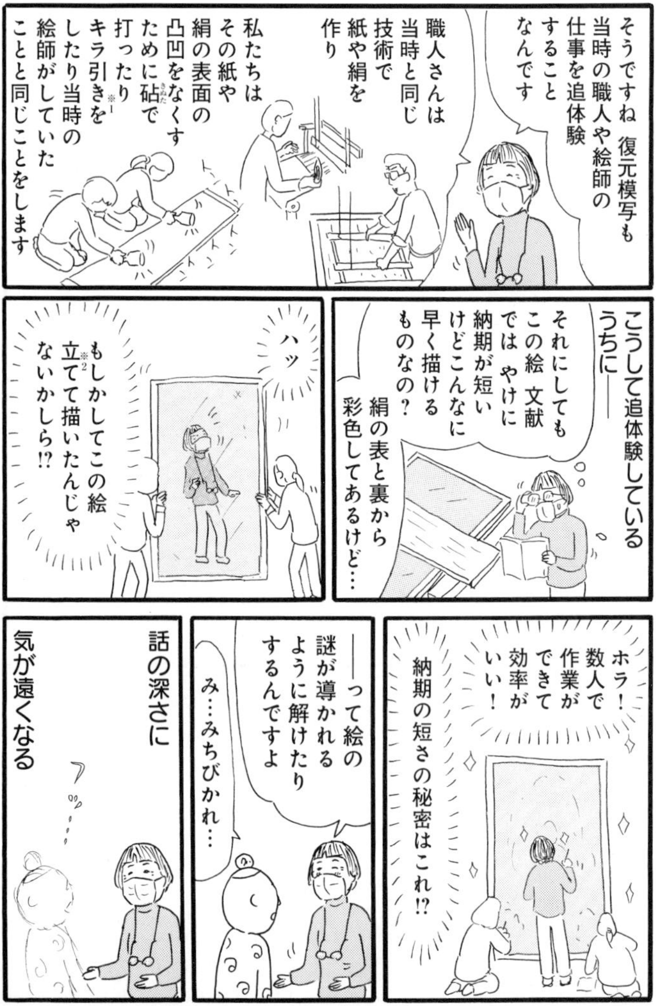
そうですね 復元模写も当時の職人や絵師の仕事を追体験することなんです
職人さんは当時と同じ技術で紙や絹を作り
私たちはその紙や絹の表面の凹凸をなくすために砧《きぬた》で打ったりキラ引き※1をしたり当時の絵師がしていたことと同じことをします
こうして追体験しているうちに——
それにしてもこの絵 文献ではやけに納期が短いけどこんなに早く描けるものなの？
絹の表と裏から彩色してあるけど…
ハッ
もしかしてこの絵立て※2て描いたんじゃないかしら⁉
ホラ！数人で作業ができて効率がいい！
納期の短さの秘密はこれ⁉
——って絵の謎が導かれるように解けたりするんですよ
み…みちびかれ…
話の深さに
気が遠くなる

※1雲母（鉱物の一種）を塗って筆の走りをよくする　つやも出る

※2普通日本画は寝かせて描く

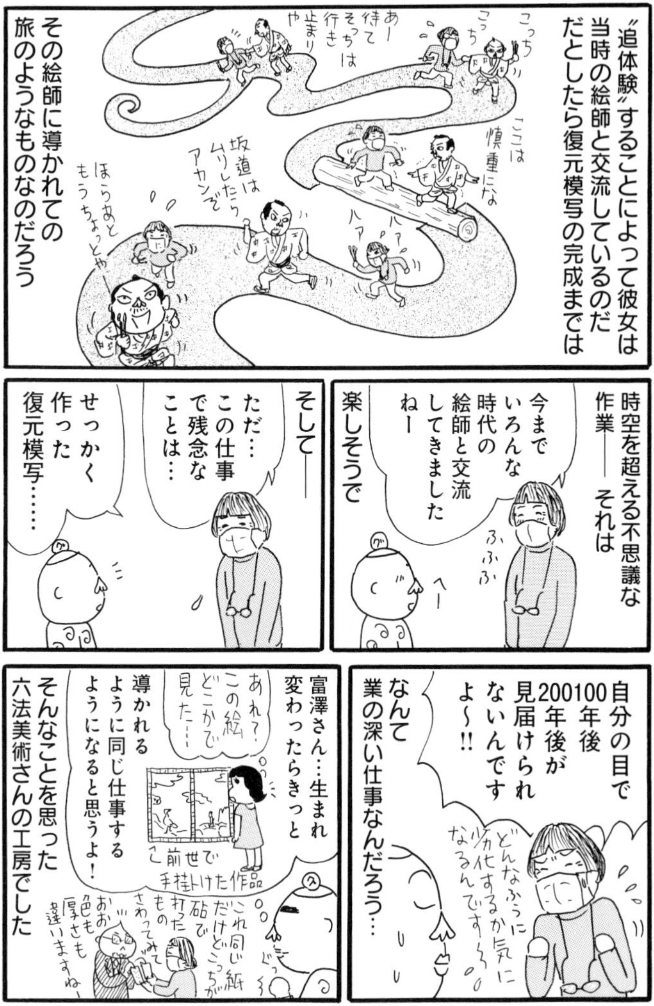
〝追体験〟することによって彼女は
当時の絵師と交流しているのだ
だとしたら復元模写の完成までは
こっち
こっち
あー待ってそっちは行き止まりや
ここは慎重にな
坂道はムリしたらアカンで
ハァ
ハァ
ほらあともうちょっとや
その絵師に導かれての
旅のようなものなのだろう
時空を超える不思議な作業――それは
今までいろんな時代の絵師と交流してきましたねー
ふふふ
へー
楽しそうで
そして――
ただ…この仕事で残念なことは…
せっかく作った復元模写……
自分の目で100年後200年後が見届けられないんですよ～!!
どんなふうに劣化するか気になるんですよ～
なんて業の深い仕事なんだろう…
富澤さん…生まれ変わったらきっと
導かれるように同じ仕事するようになると思うよ!
あれ?この絵どこかで見た…
前世で手掛けた作品
これ同じ紙だけどこっちが砧で打ったものさわってみて
おお色も厚さも違いますね!
ぐっ
そんなことを思った
六法美術さんの工房でした

保存科学

歴史と科学の最先端

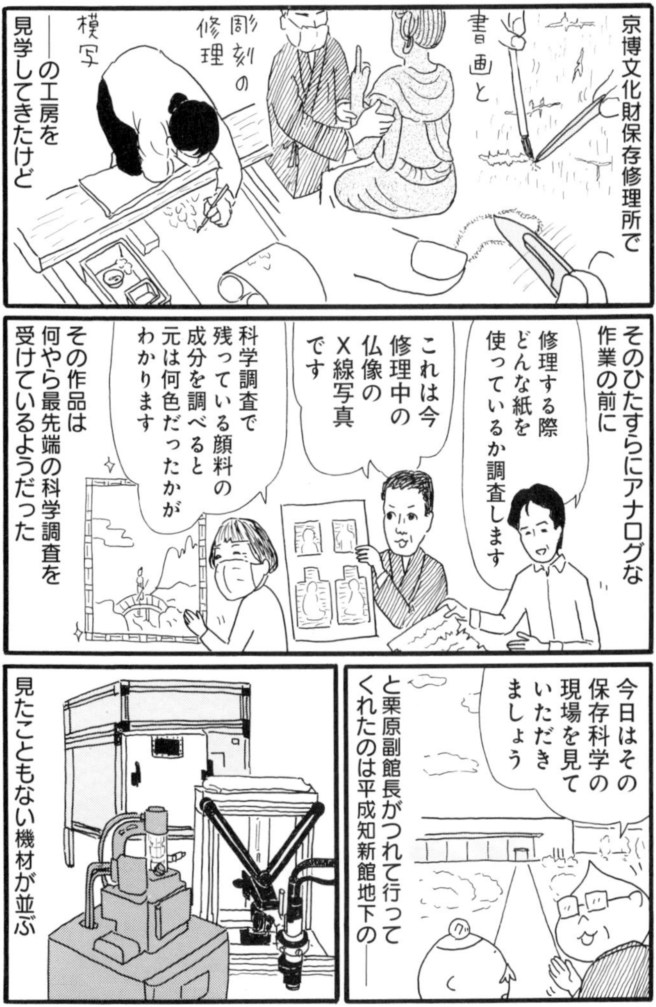
京博文化財保存修理所で
書画と
彫刻の修理
模写
——の工房を見学してきたけど
そのひたすらにアナログな作業の前に
修理する際どんな紙を使っているか調査します
これは今修理中の仏像のX線写真です
科学調査で残っている顔料の成分を調べると元は何色だったかがわかります
その作品は何やら最先端の科学調査を受けているようだった
今日はその保存科学の現場を見ていただきましょう
と栗原副館長がつれて行ってくれたのは平成知新館地下の——
見たこともない機材が並ぶ

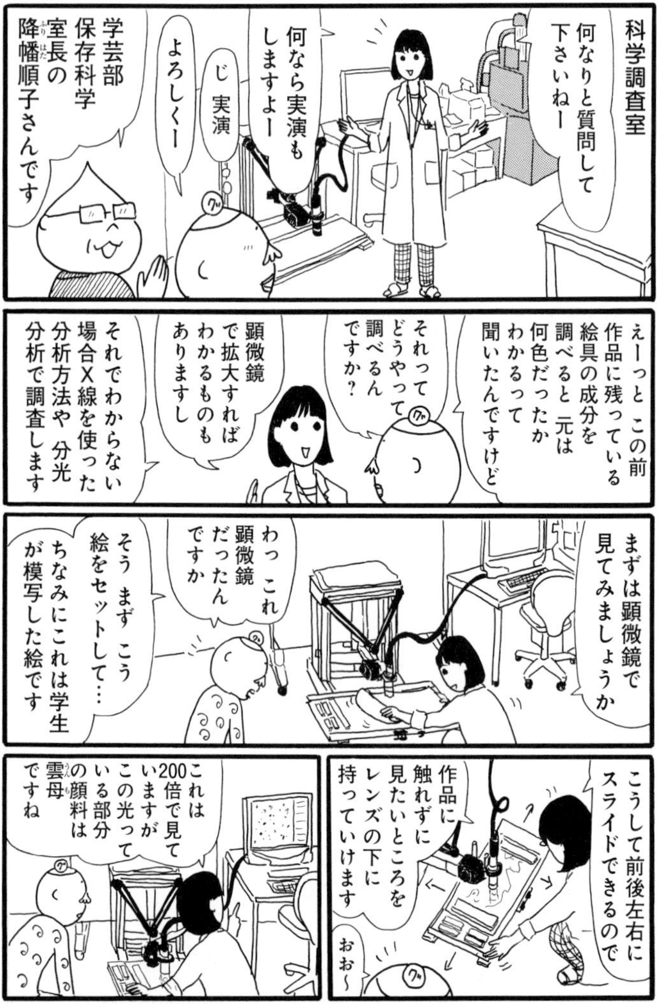

科学調査室
何なりと質問して下さいねー
何なら実演もしますよー
じ 実演
よろしくー
学芸部保存科学室長の降幡《ふりはた》順子さんです
えーっと この前作品に残っている絵具の成分を調べると 元は何色だったかわかるって聞いたんですけど
それってどうやって調べるんですか？
顕微鏡で拡大すればわかるものもありますし
それでわからない場合X線を使った分析方法や 分光分析で調査します
まずは顕微鏡で見てみましょうか
わっ これ顕微鏡だったんですか
そう まず こう絵をセットして…
ちなみにこれは学生が模写した絵です
こうして前後左右にスライドできるので
作品に触れずに見たいところをレンズの下に持っていけます
おお〜
これは200倍で見ていますがこの光っている部分の顔料は雲母《うんも》ですね

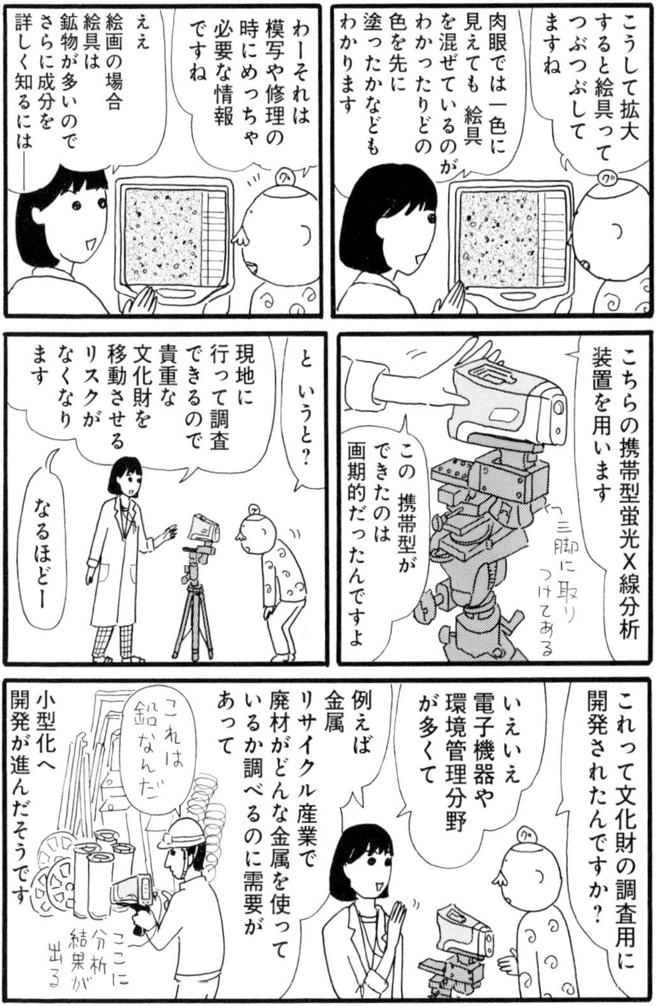

こうして拡大するとと絵具ってつぶつぶしてますね
肉眼では一色に見えても　絵具を混ぜているのがわかったりどの色を先に塗ったかなどもわかります
わーそれは模写や修理の時にめっちゃ必要な情報ですね
ええ　絵画の場合絵具は鉱物が多いのでさらに成分を詳しく知るには――
こちらの携帯型蛍光X線分析装置を用います
三脚に取りつけてある
この携帯型ができたのは画期的だったんですよ
と　いうと？
現地に行って調査できるので貴重な文化財を移動させるリスクがなくなります
なるほどー
これって文化財の調査用に開発されたんですか？
いえいえ電子機器や環境管理分野が多くて
例えば金属リサイクル産業で廃材がどんな金属を使っているか調べるのに需要があって
これは鉛なんだ
ここに分析結果が出る
小型化へ開発が進んだそうです

鉱物や金属の成分はX線で調べますが植物や動物由来の絵具は分光分析という調査をします
ちょっと胃カメラみたいですね
あー最近の鼻から入れる胃カメラ痛くないですよね 入れてから話すこともできるし
でも入れる時 気持ち悪くて
うぐぐ
胃カメラの映像って面白くて私 見ながら先生にいろいろ質問しますよー
この装置も昔と比べてだいぶ小さくなって文化財への負担も減りました
い いろいろ進歩してますねー
で 調べたい色に
この先から出ている光を当てると——
データが出ます
この曲線を解析するとどんな染料なのかがわかります
へえー
一見同じに見える色でもこうして調べてみると全く違う染料だったなんてこともあるんですよ
そうなんですか
そう たまに 修理や復元の専門の方の目でもごまかされてしまうんです
だからそういう結果をお伝えする時は——

こんなの出ちゃいました～♡
ホラッ
えーッ わからんかったーッ
——と共に驚きを分かち合います
ふふっ
降幡さん…楽しそう
他にも表面から見えない部分を見たい時はX線CTを用います
こちらです
病院のレントゲン室にもあるマーク
ここで撮影します
この装置上下する
ここが舞台のようにまわる
うわーすごい設備
X線なのでもちろん密閉してカメラで監視しながら撮影します
360°すべての角度から透過像を撮影できます
それからこんなふうにあらゆる部分の断面も見られます
↑土器の断面
↓仏像の足の断面
また仏像の中の釘だけを見るなんてことも可能です
ひゃー
肉眼では見ることのできない世界—

私には"すごい"としか言えないけど
こうして撮った画像を
うわーよーけ釘使ってるな
しかもいろんな年代の釘
なんでこんな修理になったんやろ
修理技術者さんと見てあれこれ言いながら推理したり想像したり情報交換したりするのがまた楽しいんですよ
へー
アナログを極める人と科学の先端を行く人の目には――
この画像の先に
さらに違う風景が見えているのだろう…
京博――そこは文化財を展示するだけの場所ではなく
文化財を守れ
伝統と科学を駆使する者が集結する基地でもあるのだ
そんなことを思った
科学調査の他にも地震による展示品の転倒対策もしています
レプリカでどう倒れるのか実験
へー
展示室の温度と湿度の管理はここでもされてます
保存科学室だったのでした

グレりんコラム　平成知新館の自動販売機

平成知新館1階にある
飲み物の自動販売機には
実は秘密があります。
ここで何か買おうとすると
甘党の人はあることに
気付くでしょう。

そうです、砂糖入りの飲み物は売っていないのです。
もし砂糖入り飲料をこぼしたりすると虫を引き寄せるからだそうです。
作品保護のためにもご協力のほどを。

※屋外の自動販売機には砂糖入り飲料あります

もっと！
ずっと！
京都国立博物館

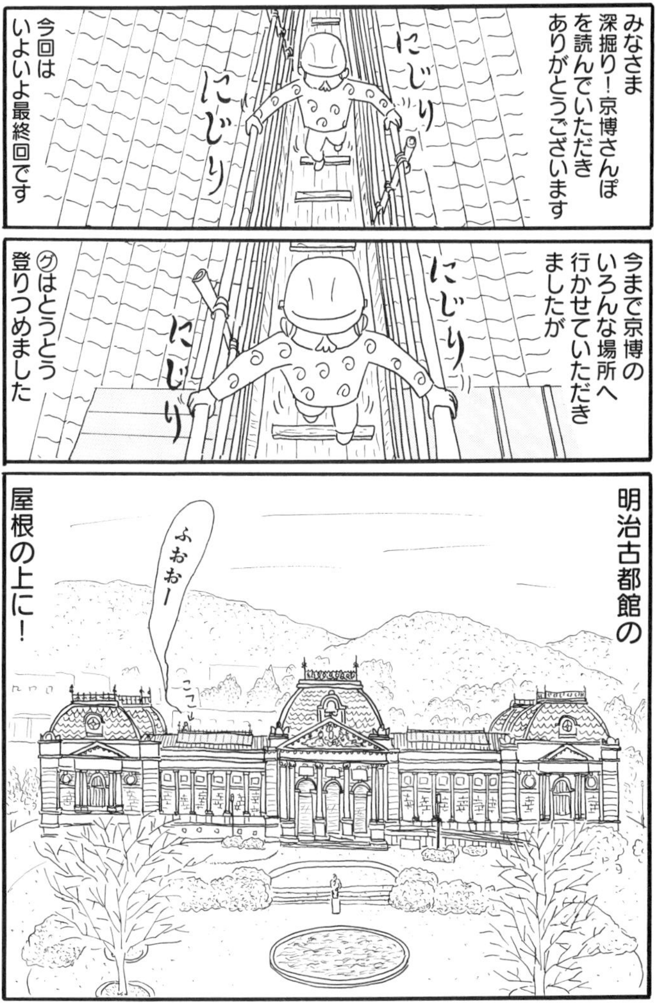
みなさま
深掘り！京博さんぽ
を読んでいただき
ありがとうございます
にじり
にじり
今回は
いよいよ最終回です
今まで京博の
いろんな場所へ
行かせていただき
ましたが
にじり
にじり
(グ)はとうとう
登りつめました
明治古都館の
ふおおー
ここ
屋根の上に！

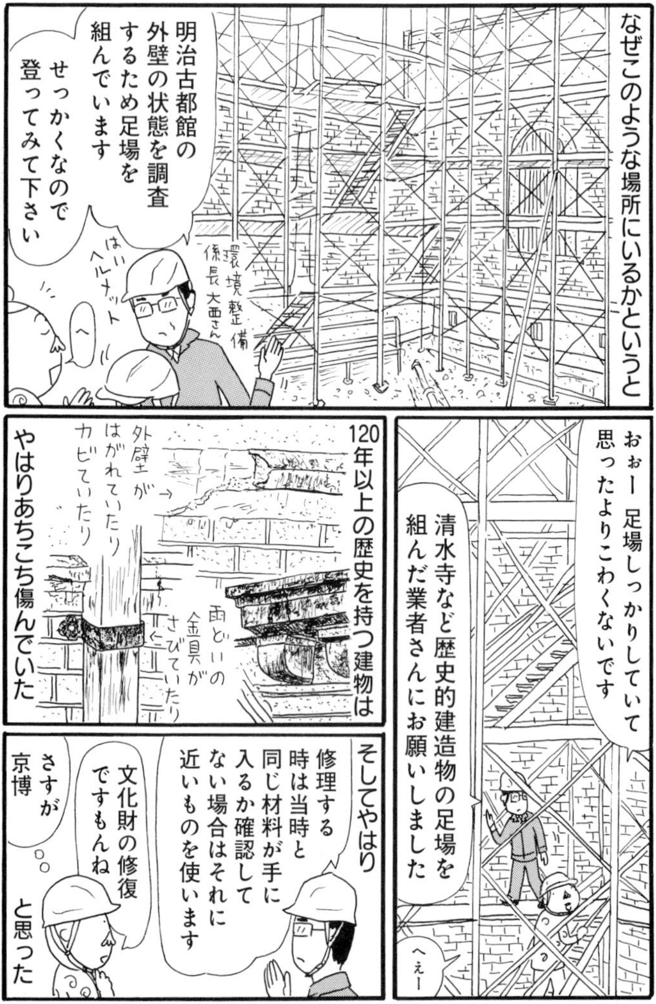
なぜこのような場所にいるかというと
明治古都館の外壁の状態を調査するため足場を組んでいます
せっかくなので登ってみて下さい
環境整備係長大西さん
はいヘルメット
へ
おぉー足場しっかりしていて思ったよりこわくないです
清水寺など歴史的建造物の足場を組んだ業者さんにお願いしました
へぇー
120年以上の歴史を持つ建物は
外壁がはがれていたりカビていたり
雨どいの金具がさびていたり
やはりあちこち傷んでいた
そしてやはり
修理する時は当時と同じ材料が手に入るか確認して ない場合はそれに近いものを使います
文化財の修復ですもんね
さすが京博
と思った

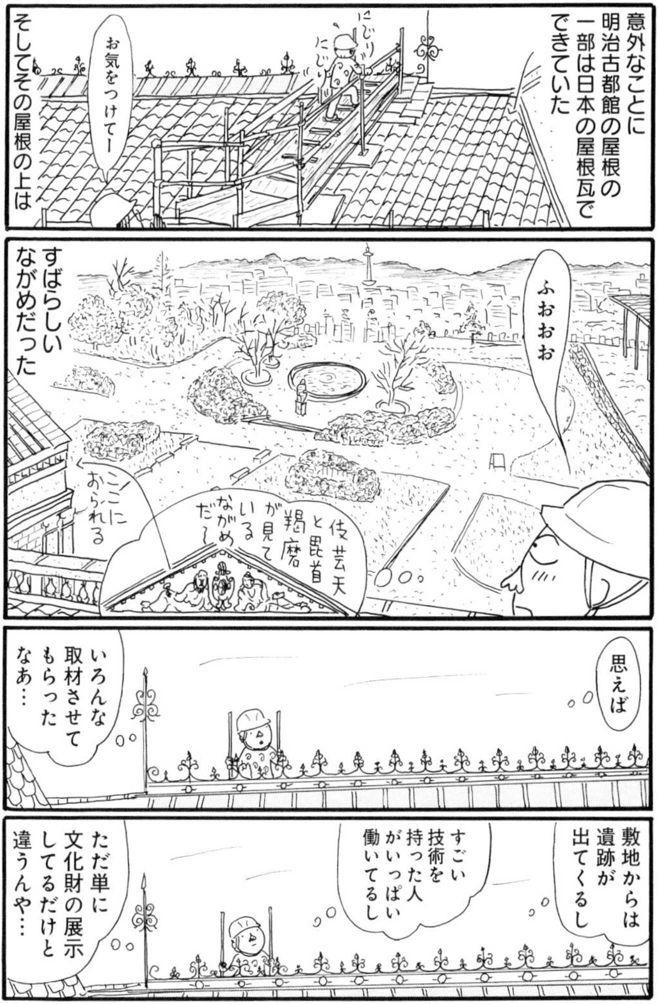
意外なことに明治古都館の屋根の一部は日本の屋根瓦でできていた
にじり にじり
お気をつけてー
そしてその屋根の上は
ふおおお
すばらしいながめだった
伎芸天と毘首羯磨が見ているながめだ〜
ここにおられる
思えば
いろんな取材させてもらったなあ…
敷地からは遺跡が出てくるし
すごい技術を持った人がいっぱい働いてるし
ただ単に文化財の展示してるだけと違うんや…

いやあ明治古都館で再び展覧会ができる日が早く来てほしいですね
ひょこっ
え
え
ひょこっ
本当ですね ここは京博の顔のようなところですからね
あ そちらは京博の松本伸之館長です
え
え
いつも漫画をありがとうございます
ここでは何ですから館長室へまいりましょう
京博のこと漫画に描かれていかがでしたか？
館長さんのデスク
いやもう展覧会に来ただけではわからないバックヤードを見せていただいてすごく新鮮でした
博物館っていうと何となくむずかしげでお堅いイメージがありますが
もっと身近に楽しんでいただければ…と思っているんです

でも昔と比べたら親しみやすくなったイメージありますね
なんでかな？
あ
トラりんだ！
そうなんですよトラりんが登場してから来館者がグッと若がえりました
来館者のアンケートの回答では昔は50～70代の方が多かったけど今は20～30代の方も増えました
おおートラりん効果すごい！
きっとトラりんめあてに全国からファンが来てますよね
ありがたいことです
全国からの来館者も地元の来館者ももっと増えたらいいなと思ってます
地元…
ええ…実は京博に来てから2年になりますが…
フッ…
食事に行ったりしてお店の方とお話しすると
へー京博につとめてはるんですか
自宅のわりと近くですわー
せやけどー

実は行ったことないんですよ ーー
ハッハッハ
ーって言われることが多くて…
ずーん
館長さん
実は私
京都生まれの京都育ちですが
去年 生まれて初めて東福寺の紅葉を見に行きました!
京都人の京都知らず!
え
こういうことは京都人あるあるです
だけど…
京博に行ったことのない京都人にはこう言いたいんです
はあ
京都に京博があるのが当たり前のように思っているだろうけど 博物館が博物館であるためには
地元の寺社を中心とした寄託品や館蔵の名品の数々…
最新のテクノロジーも駆使し文化財を研究しいかに安全に美しく展示するか力をそそぐ研究員さんたち
それを次世代に残すための修理工房の方々の気の遠くなるような修理作業
日々来館者と展示作品を守る会場運営のスタッフや衛士さん等々
どれだけたくさんの人々の知と技術と努力が必要か…だから——

そんな人類の叡智が集結した場所が地元にあるのに行かへんのはもったいないで京都人!!
グッ
——と思うようになりました この漫画を描いてきて
ペコリ
あ ありがとうございます
今期は3年ぶりに京博ナビゲーターを募集する予定です
地元のボランティアさんに再び来ていただけること 全国や海外からの来館者が少しずつ増えてきたこと ありがたいです
グッ
もうパンデミックや戦争のない世界を祈るばかりです
これからも ずっとずっと
京都に京都国立博物館があり続けますように…

グレリんコラム
東福寺

紅葉の時の東福寺は平日がおススメです

東福寺の紅葉は、まるで時間が積み重なってできた大きな芸術作品のようでした。

京博では'23年10月に特別展「東福寺」を開催と、ご縁もある東福寺。距離も遠くないので秋は京博とセットで観光もよろしおすえ。

秋の紅葉だけでなく、今度は春の青もみじや夏の蓮池を見に行って、〝京都人の京都知らず〟の汚名を少しでも返上したいと思います。

特別ふろくマンガ　その1

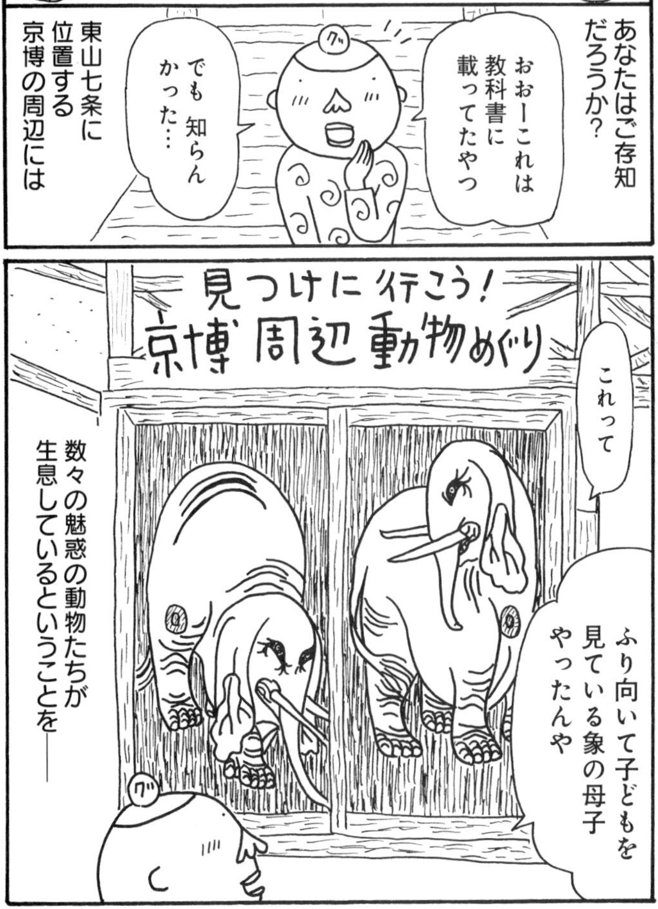

あなたはご存知だろうか?
グ
おおーこれは教科書に載ってたやつ
でも 知らんかった…
東山七条に位置する京博の周辺には
見つけに行こう!
京博周辺動物めぐり
これって
ふり向いて子どもを見ている象の母子やったんや
数々の魅惑の動物たちが生息しているということを――
グ

ここは京博の南にある養源院 この白象の障壁画の作者は
母子象と思うと急にかわいく見えるな
あの風神雷神図屏風の俵屋宗達
本堂の天井は伏見城落城の際自刃した徳川家の家臣の血の跡がある床板を使っていて
ここに自害された血の跡が
彼らの霊をなぐさめるため この白象が描かれたそう
伏見城といえば京博の北隣 豊国神社の唐門も
伏見城の遺構だそうだ
おお ゴージャス
この門の彫刻に〝目無しの鶴〟と呼ばれる鶴がいる
あ
あれだ

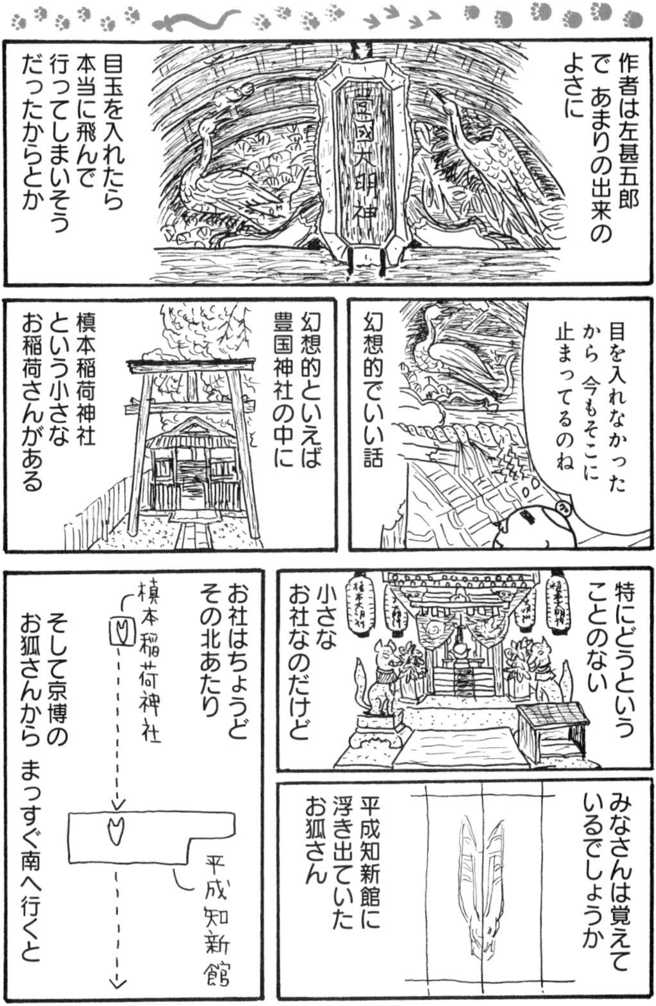
作者は左甚五郎
であまりの出来のよさに
目玉を入れたら
本当に飛んで
行ってしまいそう
だったからとか
目を入れなかった
から 今もそこに
止まってるのね
幻想的でいい話
幻想的といえば
豊国神社の中に
槙本稲荷神社
という小さな
お稲荷さんがある
特にどうという
ことのない
小さな
お社なのだけど
お社はちょうど
その北あたり
槙本稲荷神社
平成知新館
そして京博の
お狐さんから まっすぐ南へ行くと
みなさんは覚えて
いるでしょうか
平成知新館に
浮き出ていた
お狐さん

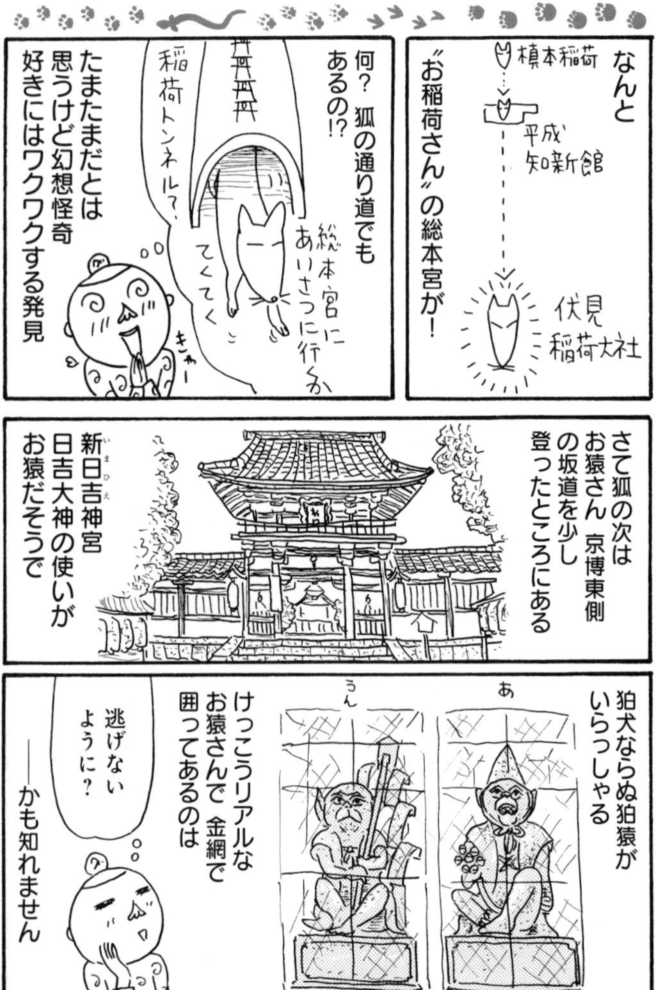
なんと
槙本稲荷
平成知新館
伏見稲荷大社
〝お稲荷さん〟の総本宮が!
何? 狐の通り道でもあるの!?
総本宮にあいさつに行くか
てくてく
稲荷トンネルって
たまたまだとは思うけど幻想怪奇好きにはワクワクする発見
きゃー
さて狐の次はお猿さん 京博東側の坂道を少し登ったところにある
新日吉《いまひえ》神宮 日吉大神の使いがお猿だそうで
狛犬ならぬ狛猿がいらっしゃる
あ
うん
けっこうリアルなお猿さんで 金網で囲ってあるのは
逃げないように?
——かも知れません

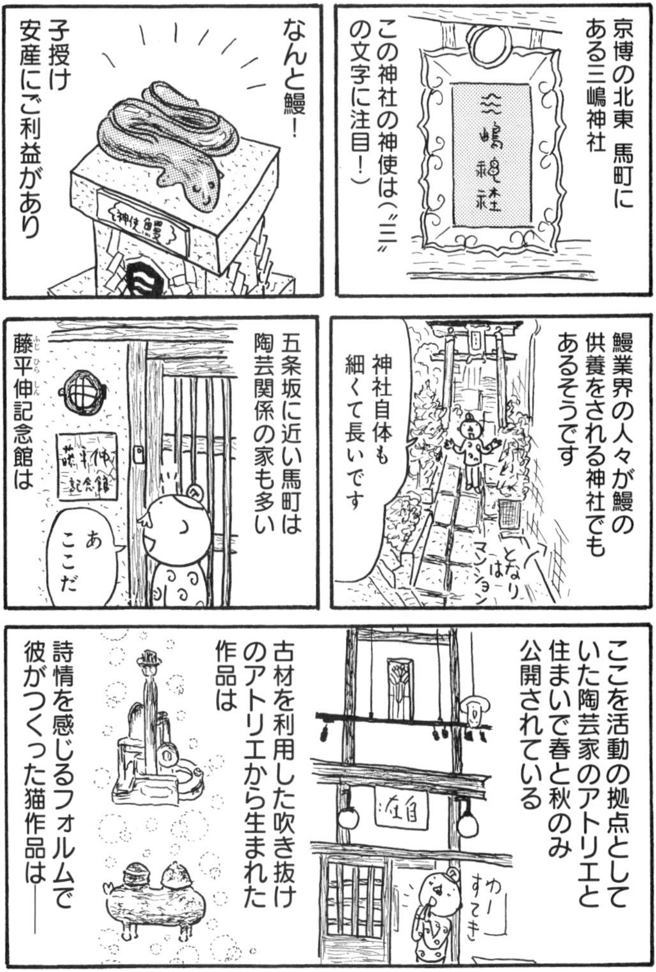
京博の北東 馬町に
ある三嶋神社
三嶋神社
この神社の神使は（〝三〟の文字に注目！）
なんと鰻！
神使 鰻
子授け
安産にご利益があり
鰻業界の人々が鰻の
供養をされる神社でも
あるそうです
神社自体も
細くて長いです
となりはマンション
五条坂に近い馬町は
陶芸関係の家も多い
藤《ふじ》平《ひら》伸《しん》記念館は
藤平伸記念館
あ
ここだ
ここを活動の拠点として
いた陶芸家のアトリエと
住まいで春と秋のみ
公開されている
わー
すてき
古材を利用した吹き抜け
のアトリエから生まれた
作品は
詩情を感じるフォルムで
彼がつくった猫作品は――

ヴォふっ
もっちり
猫好きのハートを打ち抜くたまらんフォルム!! 猫好き必見です
陶器枕だそうです
ずきゅん
馬町にはもう一軒 陶芸家のアトリエと住まいを公開している
河井寛次郎記念館
河井寛次郎記念館がある 彼にも猫の作品があり陶器ではなく木彫り作品で
むきゅー!
猫好きのハートをわしづかむ愛らしさ!※
何でも娘さんがかわいがっていた猫が行方不明になり悲しむ彼女のためにつくったとかエピソードもまた愛らしい

※普段は木彫りを型取りしたブロンズ像を公開

そして寛次郎記念館には作品だけでなくあたかもこの美しいおうちの一部かのような
本物の猫ちゃん（サビ猫）もおられますよ
名前は えきちゃん

そんなワケで京博に来られたらぜひ周辺の魅惑の動物たちに会いに行って下さいね
三嶋神社
郵便局
河井寛次郎記念館
甘春堂東店（大仏餅）
槙本稲荷神社
馬町バス停
大仏殿跡緑地公園
藤平伸記念館
新日吉神宮
豊国廟
東大路通
妙法院
豊国神社唐門
京博
七条通
三十三間堂
養源院
智積院宝物館には長谷川等伯の障壁画が
アンティークショップ レトロ京都
昔の京みやげや猫の置きものも

特別ふろくマンガ　その2
雨の日の京博
その日は雨が降っていた
'21年7月から9月にかけて開催された特別展「京《みやこ》の国宝」
京の国宝
NATIONAL TREASURES OF KYOTO
雨の上 暑くて コロナ禍の最中だった
多分 他の日より来館者は少なかったと思う

けれど 雨でも暑くても
コロナ禍でも 京博に
来た人たちは
みんな
熱心に作品を見ていた
ヒップホップ系
ファッションの若い
男の子たちが
音声ガイドを
聞きながら神妙に
書画を見ていた
何かの師匠らしき
おじいさんが若い
お弟子さんらしき人に
何かを
教えながら見ていた

若いすらりとした
女性二人が
阿弥陀三尊像の
手の形に
ついて熱心に
語り合っていた
もし来館者の
熱心度が測定できる
機械があれば
この日はとても
高かったと思う
熱心に見つめられる
作品は
何だか
輝きが
増して見える

遠い昔につくられて
さまざまな人の手に渡って
研究
修理
保存
この場に展示された作品たち
自分は文化財を修理したり保存したりはできないけど
京博に来て作品を見つめることはできる
これも文化財を守ることのひとつなのだ
今日見に来てよかった
京の国宝
そんなことを思った雨の日の京博でした

あとがき

知られざる京都国立博物館さんぽ、いかがだったでしょうか？地面の下から屋根の上まで、文字通り隅から隅まで見学させていただきました。「博物館」って、こういうことをしているんだ、と知り(グ)はしみじみこう思いました。

ニンゲン、すごい。

なんやその根源的な感想は、と思われるかもしれないけど、ニンゲンは残しておきたくなるような「もの」をつくり出すことができるし、それを修理する技術を編み出し、その技術を伝えることができる。「もの」について、研究することができる。それを体系づけ、展示することができる。そしてそれを観に行き、はるか昔の「もの」に思いをはせることができる。地上のあらゆる生きもののなかで、こんなことができる生きものはニンゲンだけだ。そしてこのニンゲンの行為の、なんて美しいことだろう。宇宙人が地球を見学することがあったらニンゲンはこんなことをしてるのだよ、と誇りたい。博物館はニンゲンの叡智のかたまりだ。

――と、そんなことを思いつつ描いたこの漫画を読んで、へえ～、京博行ってみたいな、という気持ちになってくだされはうれしいです。そして実際京博に行ってくだされば、さらにうれしいです。

この漫画ではたくさんの方のお世話になりました。毎回、いろいろな底知れぬ京博の深みの入口に案内してくれたのは、当時副館長だった栗原祐司さん（現在は国立科学博物館の副館長）。案内してくださりつつも、取材先の方の話を(グ)の隣で興味津々に聴いておられ、時ににゅっと、博物館への愛と知識を披露してくださり大変心強かったです。その栗原さんに請われるまでまさか自分が京博についての漫画を描くとは思いもしなかったけど、京博で働く方々も、まさか自分の仕事が漫画になるとは思わなかったことでしょう。みなさん(グ)のぶしつけでとんちんかんな質問にも、優しく丁寧に応じてくださいました。感謝の限りです。それから、京博のウェブサイト連載時と、文庫化の際も校正を担当してくださった学芸部企画室のみなさんの丁寧で根気強いチェック、本当にお世話になりました。そして京都が大好きな小学館の編集者片江佳葉子さん、ありがとう！

(グ)は京都の本を何冊も描いてきましたが、そのたびに京都の奥深さに驚いてきました。今回の仕事で、京博がある京都ってやっぱりすごいところだと、ますます京都を尊敬するようになりました。いつも新しい発見をもたらしてくれるふるさと、京都にも感謝です。

令和五年九月吉日　グレゴリ青山

―――本書のプロフィール―――

本書は、京都国立博物館ウェブサイトに「グレゴリ青山の深掘り！　京博さんぽ」のタイトルで2021年4月〜2023年3月まで連載されていたものに加筆・改稿し、文庫化したものです。